* 본 서는 KCERN의 18차 공개포럼 보고서인
"하드웨어 스타트업"을 기반으로 제작되었습니다.

하드웨어 스타트업

발행 2017년 04월 24일
저자 이민화, 박시온

펴낸곳 (사)창조경제연구회(KCERN)
주소 서울특별시 강남구 논현로28길 25, 205호
전화 02)577-8301
E-mail kcern@kcern.org
ISBN 979-11-86480-44-1

www.kcern.org
본 책은 저작자의 지적 재산으로서 무단 전재와 복제를 금합니다.

하드웨어 스타트업

이민화, 박시온

목 차

프롤로그 _007

◆

Section 1.

하드웨어 스타트업의 르네상스

Chapter 1. 다시 돌아온 하드웨어 전성시대 | 013
· 하드웨어 스타트업 붐 | 뉴 하드(New Hard) 시대

Chapter 2. 왜 하드웨어 스타트업인가 | 027
· 중국의 약진과 심천 경제특구 | 실리콘밸리 · 실리콘앨리

◆

Section 2.

메타기술의 발전에 주목하라

Chapter 1. 디지털 DIY와 공유경제 | 039
· 가내 수공업에서 소셜 맞춤으로 | 공유경제(Sharing Economy)

Chapter 2. DIY, 메타기술을 만나다 | 051
· 기술을 만드는 기술 | 메타기술을 이루는 3가지 요소

Chapter 3. 3D 프린팅 생태계를 구축하라 | 059
· 프린터가 자동차를 만드는 시대 | 3D 프린팅, 전 세계가 주목하는 미래기술 | 3D 프린터와 생태계

Chapter 4. 오픈소스 하드웨어를 적극 활용하라 | 073

· 기술 자유주의 '오픈소스 하드웨어' | 아두이노·라즈베리 파이·비글본 블랙·
갈릴레오 | 미니 PC에서 휴머노이드 로봇까지 | 한국의 ICT DIY

Chapter 5. 빅데이터와 클라우드 컴퓨팅으로
새로운 가치를 도출해내라 | 095

· 21세기의 원유 '빅데이터' | IT 시대의 인프라 '클라우드' |
예측하고, 맞춤으로 서비스하다

Chapter 6. 하드웨어에 생명을 불어넣는 인공지능 | 113

· 알파고(AlphaGo)와 인공지능에 대한 공포 | AI와 인류의 공존 | AI와 인지컴퓨팅
(Cognitive Computing) | 지능형 로봇과 클라우드 서비스 | 챗봇(Chatbot)

Section 3.
혁신 생태계에
적응하라

Chapter 1. '상상할 수 있으면 만들 수도 있는' 혁신 생태계 | 137

· 혁신 생태계 | 혁신 창업 플랫폼 | 혁신 유통 플랫폼 | 스타트업과 시장 진입장벽

Chapter 2. 메이커 운동(Maker's Movement) | 159

· '페블'과 '스퀘어'의 요람 | 세계 유일의 Tech DIY 잡지 〈MAKE〉 |
메이커 페어와 메이커 스페이스 | 오늘의 DIY가 내일의 'MADE IN KOREA' |
미국 메이커 운동 생태계의 두 축, 킥스타터와 테크숍

Chapter 3. 아이디어와 자금의 플랫폼, 크라우드펀딩 | 183

· 크라우드펀딩과 하드웨어 투자 | 한국의 크라우드펀딩 현황

Chapter 4. 하드웨어 엑셀러레이터 | 195

· 하이웨이원(Highway1) | 헥스(HAX) | SEEED 스튜디오 | 잉단(Ingdan) ·
플렉트로닉스(Flextronics) · Y-콤비네이터(Y-Combinator) | 한국의 엑셀러레이터

◆ Section 4.

지식 재산권으로
가치를 높여라

Chapter 1. 뉴 하드 전략과 집단지능 | 211

· 플랫폼과 하드웨어 차별화의 만남 | PSS(Product Service System)의 등장

Chapter 2. O2O(Online to Offline) 서비스 전략 | 221

· 진정한 O2O 혁명, O2O 서비스 | O2O에서 찾는 하드웨어 스타트업의 기회 | O2O와 천지인(天地人)

Chapter 3. 하드웨어 스타트업을 위한 비즈니스 모델 | 267

· 하드웨어 스타트업을 위한 비즈니스 모델 | 하드웨어 스타트업 창업 가이드, 9단계 창업방정식 | 하드웨어 스타트업 Lean Canvas

◆ Section 5.

소비자의 마음을
사로잡아라

· 마음을 사로잡는 것은 기술이 아니라 서비스 디자인 | 291

에필로그 _299

프롤로그

"4차 산업혁명은 현실과 가상이 인간을 중심으로 융합하는 혁명이다."

전 세계적으로 창업의 중심이 소프트웨어에서 하드웨어로 이동하고 있다. 테슬라, 샤오미, 고프로, 핏빗, DJI 등 거대한 스타트업들도 과거의 스타트업들과 달리, 소프트웨어가 아니라 하드웨어를 기반으로 하고 있다. 그런데 테슬라, 고프로 등의 하드웨어 창업은 과거의 제조업과는 근본적으로 차이가 있다.

소프트웨어 차별화와 하드웨어 차별화가 융합한 '뉴 하드(New Hard)'이다. 이들은 하드웨어(아이팟)와 플랫폼(아이튠스)을 겸비한 사업 모델을 가진 애플의 뒤를 잇고 있다. 산업의 가치 사슬이 제조에서 고객 관계로 이동해 플랫폼 기반의 온라인 앱 경제가 시작됐지만, 소프트웨어 중심의 온라인 앱 경쟁은 한계에 도달했고 결국 창업 경쟁에 하드웨어를 추가하게 된 것이다.

뉴 하드 전략을 구사하는 하드웨어 스타트업들은 온라인에 오프라인을 결합한 O2O 사업 모델(BM)에 특허(IP)를 결합(BM+IP)하여 추가적인 차별화를 추구한다. 그리고 이것은 단순한 트렌드가 아닌, 현실과 가상이 융합하는 4차 산업혁명의 메가 트렌드로 이해해야 한다.

소프트웨어가 만드는 온라인 세상과 하드웨어가 만드는 오프라인 세상을 데이터가 연결한다는 것은 4차 산업혁명의 기술적 개념이다. 4차 산업혁명은 사회적 관점에서 보면 '현실과 가상의 융합', 소비자 관점에서 보면 '제품과 서비스의 융합', 공급자 관점에서 보면 '소프트웨어와 하드웨어의 융합'이다. 또, 4차 산업혁명과 함께 출현한 개방 혁신 생태계는 3D 프린터 및 오픈소스 하드웨어 같은 메타기술, 테크샵(Techshop)과 같은 개발플랫폼, 킥스타터(Kickstarter)와 같은 크라우드펀딩 플랫폼 등이 하드웨어 창업비용을 극적으로 감축시키고 있다.

같은 맥락에서 미국, 유럽과 일본 등 선진국들이 추진하고 있는 리쇼어링(Reshoring)이라는 제조업 회귀 현상도 단순 제조의 회귀가 아니라 '제조와 서비스의 융합'이라는 4차 산업적 시각으로 보아야 할 것이다.

한국은 세계 5대 제조 강국이다. 그런데 소프트웨어만을 강조하는 것은 경쟁력의 뿌리를 흔드는 일이 될 수 있다. 또한 현재의 제조업을 그대로 유지하는 것은 시대착오적인 발상이다. 그렇다면 우리는 무엇을 어떻게 해야 하는가? 대안은 4차 산업혁명의 시대에 맞게 제조업을 서비스와 결합한 '하드웨어 스타트업'이다. 4차 산업혁명의 스타트업인 하드웨어 스타트업을 창업의 관점에서 분석해 보자.

이 민 화

KCERN 이사장

Section 1.
하드웨어 스타트업의 르네상스

Chapter1 다시 돌아온 하드웨어 전성시대
Chapter2 왜 하드웨어 스타트업인가

Hardware
Startup

하드웨어 스타트업 붐

"하드웨어 기업과 소프트웨어 기업 둘 중 어디에 투자 하시겠습니까?"

몇 년 전까지만 해도 이렇게 물으면 투자자 열 명 중 여덟은 소프트웨어 기업을 선호했다. 인터넷 산업이 발전함에 따라 부상한 소프트웨어 분야는 진입비용이 적고 M&A를 통해 출구 전략을 구사하기 쉬운 반면, 하드웨어 분야는 투자비용과 위험이 크기 때문이었다. 소프트웨어, 앱, 그리고 플랫폼이 창업의 대세가 되면서 하드웨어 스타트업 투자규모는 소프트웨어 스타트업 투자 규모의 20% 수준에 불과했다. 그런데 최근 몇 년 사이 이런 투자의 흐름이 크게 바뀌었다.

전 세계 IT산업의 심장부인 미국 실리콘밸리의 경우만 봐도 하드웨어 스타트업 투자가 크게 늘고 있는데, 전년대비 약 2배씩 늘어 어느새 소프트웨어 스타트업 투자 규모에 육박하고 있다. 투자 금액이 늘자, 창업의 판도도 바뀌었다. 하드웨어 관련 창업이 빠른 속도로 늘어가고 있는 추세다. 미국의 스타트업 크라우드펀딩 사이트인 AngelList에 올라온 하드웨어 스타트업의 개수는 2017년 1월 기준 68,000여 개에 달한다.

> **엔젤리스트(AngelList)**
>
> 2010년 설립된 엔젤리스트(https://angel.co)는 투자자와 스타트업을 이어주는 플랫폼이다. 미국의 테크 스타트업이라면 '일단 프로필을 등록하고 시작'하는 일종의 표준이 되었다. 개인 투자자뿐 아니라 VC(Venture Capital)와 연합한 투자 및 기관 투자자까지 끌어들이면서 초기(Seed) 단계의 스타트업에게는 없어서는 안 될 플랫폼 서비스로서 입지를 굳힌 것으로 보인다. 2015년 한 해 동안 441개의 스타트업에 약 1,950억 원($163million)의 투자를 중개했을 정도다. 한국에서 미국 스타트업으로 취직을 원하는 엔지니어나 미국 진출을 노리는 스타트업이 있다면 엔젤리스트의 홈페이지를 둘러보고 자신의 프로필을 등록해보는 것도 한 방법이다.

그렇다면 대체 무엇이 이런 변화를 가져왔을까?

샤오미, 고프로, 스퀘어 등의 성공에서 그 답을 찾을 수 있다. 이들은 20대 하드웨어 스타트업 기업가치 상위권을 차지하는 기업들인데, 기업가치는 2015년만 해도 각각 50조원, 9조원, 6

조원에 이른다. 하드웨어 스타트업의 새로운 모델이 되고 있다고 봐도 과언이 아니다.

그림 | 20대 하드웨어 스타트업 기업들의 가치

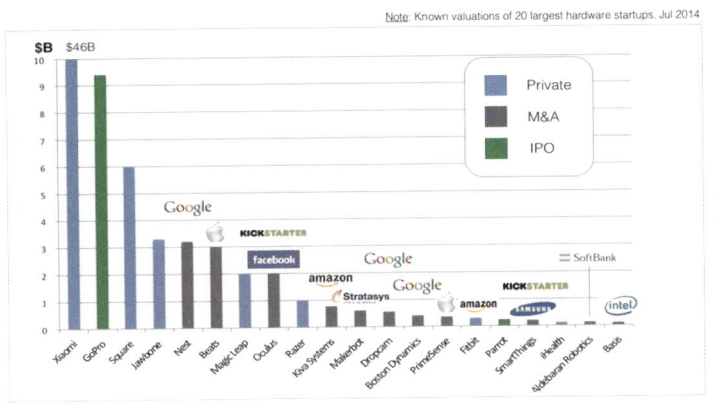

자료 | Hax, Hardware Startup Trend

그런데 이 기업들은 과거의 하드웨어 기업과 근본적으로 다른 몇 가지 특징을 갖고 있다. 기존의 하드웨어 기업이 제조업에 기반을 둔 것이라면, 이들 기업은 애플처럼 하드웨어에 플랫폼을 겸비한 4차 산업적 비즈니스 모델을 갖고 있다. 또 제조 및 유통, 마케팅 비용이 획기적으로 줄고, 창업비용 조달이 보다 쉬운 생태계 안에서 살고 있다.

뉴 하드(New Hard; Product Service System) 시대

'뉴 하드(New Hard)' 산업의 가능성을 처음으로 보여 준 것은 바로 애플이다.

애플의 2016 회계연도(2015.10~2016.9) 매출은 2,156억 달러(약 258조 원)에 이른다. 세계경제포럼(WEF)은 2017년 애플의 기업가치를 6,050억 달러(약 713조원)로 평가해서 세계 1위 기업으로 인정했다.

이런 애플의 성공 요인이 제품의 디자인에 있다고 보는 사람도 있지만, 애플의 진정한 경쟁력은 '앱 스토어'라는 거대 플랫폼과 각종 특허를 가진 '아이폰'이라는 하드웨어였다. 이 두 가지가 높은 시장 진입 장벽을 만들어 준 것이다.

애플의 이 '플랫폼+하드'의 전략을 이제 수많은 기업이 벤치

마킹하고 있는데, 그 중 가장 성공적이라고 평가받는 것은 샤오미, 고프로(Gopro), DJI 등이다. 그들은 시장 차별화, 기술의 차별화에 성공하면서 그야말로 '뉴 하드 산업의 시대'를 열었다.

샤오미(Xiaomi)

2016년 기업가치 400억 달러[1]에 달하는 샤오미는 2010년 설립됐다. 샤오미는 스마트폰과 모바일 액세서리 제조로 출발했는데 현재는 TV, 공기청정기, 에어컨 등 가전제품을 거쳐 사물인터넷(IoT)까지 사업 영역을 확대했다. 스마트폰을 처음 공개한 지 3년 만에 중국 스마트폰 시장 1위, 세계 스마트폰 시장 5위를 차지한 샤오미는 신제품 매진 행진을 계속했고 열렬한 팬클럽까지 확보했다. 샤오미는 대만, 싱가포르 등 아시아 지역에서도 성공적으로 자리 잡았으며, 유럽 시장인 이탈리아에도 진출했다. 회사의 이름은 샤오미(小米), 좁쌀이라는 뜻이지만 중국 IT 업계에서는 큰 존재감을 드러냈다.

샤오미의 설립자는 '레이 잡스'라는 별명을 가진 레이 쥔이다. 그는 신제품 공개 행사 때마다 스티브 잡스처럼 검은 티셔츠에 청바지, 운동화 차림으로 "원 모어 씽(One more thing)"을 외쳐서 그런 별명을 갖게 됐다.

레이 쥔은 샤오미 창업 전부터 IT업계의 유명인사였다. 그는 대학교 4학년 때 소프트웨어 벤처회사 산쎄를 설립해 중국어를 구현하는 PC카드를 만들었다. 하지만 더 큰 기업들이 더 싼 값

---

1) 시장조사기관 IT쥐즈(桔子)가 발표한 '2016년 유니콘클럽' 자료

으로 복제품을 내놓으면서 6개월 만에 사업을 접게 되었다. 이후 1992년 소프트웨어 벤처인 진산(킹소프트의 전신)에 입사해서 29살의 나이에 사장 자리에 올랐다. 그리고 2007년 진산을 상장시키고 사장 자리에서 물러난 후 2010년 샤오미를 창업했다. 경력에서 알 수 있듯이, 레이 쥔이 소프트웨어 전문가였기 때문에 샤오미는 먼저 안드로이드 기반의 독자 운영체제(OS)인 미유아이(MIUI)를 내놓으며 시선을 끌었고, 이후에는 스마트폰인 '미1(Mi1)'을 생산원가에 가까운 초저가로 내놓아 다시 크게 주목을 받았다.

레이 쥔이 잡스를 흉내 낸 것처럼, 샤오미의 제품은 애플의 제품을 모방했다. 미유아이(MiUI)의 레퍼런스 스마트폰인 미1(Mi1)은 아이폰과 유사하고, 첫 태블릿 '미패드7.9'는 애플의 '아이패드미니 레티나'와 '아이폰5C'를 섞어놓은 듯하다. 미유아이(MiUI) 역시 환경만 안드로이드 기반일 뿐 다른 모든 건 iOS와 똑같다. 애플과 비슷하면서도 가격은 애플 제품에 비해 매우 저렴해 '짝퉁 애플'이라고 불린 샤오미의 제품은 인터넷에서만 살 수 있다. 샤오미는 광고를 하지 않고 웨이보와 같은 SNS를 활용해 홍보 활동을 하는데, 마케팅 비용이 매출의 1% 정도밖에 되지 않는다. 이런 회사의 정책은 제품의 가격을 낮추는 데 도움이 된다.

2016년 스마트폰 분야에서 다소 부진한 듯 했으나, 2013년부터 진출한 가전제품 분야와 시너지를 꿈꾸며 사물 인터넷 분야를 선도하겠다는 야심을 보여주고 있다. 이것은 고사양의 스마트폰 제품을 깜짝 놀랄 만큼 싼 가격에 판 이유이기도 하다.

샤오미는 '플랫폼'으로서 기기들을 바라보고 있다. 기기 자체의 상품 판매보다는 콘텐츠를 팔 수 있도록 최적화한 일종의 플랫폼을 꿈꾸고 있으며, 그것이 성공한다면 사물끼리 서로 정보를 주고받는 사물인터넷(IoT) 시대에 더욱 빛을 발할 것이다. 중국에선 '샤오미제이션(Xiaomization)', 즉 모든 제품의 샤오미화(化)라는 이야기까지 나오고 있다.

고프로(GoPro)

액션 캠코더는 산악자전거나 패러글라이드, 엑스 파이터즈(오토바이 묘기 경기) 등 위험한 스포츠를 뜻하는 익스트림 스포츠에 빠지지 않고 등장한다. 액션 캠코더를 서핑보드 앞에 달면 보드를 타는 사람과 바다의 파도를 극적으로 녹화해주고, 엑스 파이터즈 선수의 헬멧에 끼우면 관객은 오토바이와 함께 공중제비를 돌 수 있다. 덕분에 사람들은 직접 체험하지 않고도 익스트림 스포츠의 짜릿한 전율을 느낄 수 있게 됐다. 심지어 요즘은 TV 예능 프로그램 출연자가 액션 캠코더를 이마에 부착하고 오지를 탐험하거나 운동 경기에 참여하는 모습도 자주 볼 수 있다. '관람'을 '체험'으로 바꾸는 액션 캠코더는 호모 루덴스를 위한 최고의 발명품인 셈이다. 그런데 액션캠코더라고 하면 가장 먼저 떠오르는 것이 바로 고프로이다.

지난 2004년 설립된 고프로는 '액션 캠코더'를 새로운 제품

카테고리로 만들어 승승장구하고 있는 기업이다. 고프로 설립자인 닉 우드먼(Nick Woodman)은 회사 설립 2년 전만해도 창업에 실패한 청년에 불과했다. 그는 2002년 서핑용 보드를 들고 전 세계를 여행하다가 서핑을 하는 자신의 모습을 찍어주는 카메라가 있으면 좋겠다고 생각했고, 그 아이디어를 바탕으로 고프로를 설립해 액션캠코더를 만들었다. 고프로의 목표는 전문가급 동영상을 누구나, 어디서나 손쉽게 촬영할 수 있는 다목적 카메라를 개발하는 것이었다. 전문가 수준의 영상을 평범한 아빠, 엄마, 아이들까지 누구나 찍을 수 있게 만들었다. 사이클링 선수가 아니어도 고프로로 찍으면 전문 사이클리스트처럼 보이도록 제품 이름도 '프로가 되자'는 뜻의 고프로(GoPro)라고 붙였다.

초기 액션캠코더는 내구성을 강조하고 필요한 기능만 장착한 초소형 카메라를 스키나 자전거, 서핑보드와 헬멧 등에 카메라를 부착할 수 있도록 한 것인데, 기존 카메라가 보여줄 수 없는 다양한 앵글의 영상을 만들어냈다. 액션 캠코더는 곧 서핑, 산악자전거 등 레포츠를 즐기는 애호가들의 입소문을 탔다. 그리고 액션캠코더는 유튜브가 등장함에 따라 세계적인 열풍을 일으켰다. 고프로를 구입한 고객은 자신이 레저 활동을 하며 찍은 영상을 유튜브 등 소셜 미디어 사이트에 공유했다. 우드먼이 "고객이 만들어낸 콘텐츠야 말로 고프로 경쟁력의 원천이다"라고 강조했을 정도로, 유저들이 만든 동영상들은 큰 위력을 발휘했다. 사람들은 기존 캠코더에서는 결코 경험할 수 없는 '제3의 시각'에 열광했다. 고프로는 단숨에 영상 기기 시장의 다크호스로 떠올

랐고, 소니 등 기존 카메라 제조 기업들도 앞 다퉈 액션 캠코더를 출시하게 되었다.

고프로는 구글과 함께 가상현실 콘텐츠를 위한 360도 촬영 장비를 개발 했는가 하면, CES 2017에서 최신 VR(가상현실) 기기를 선보이며 새로운 도약을 준비하고 있다.

DJI

"미국의 드론 공격이 2~3천명의 사상자를 만들었다"

2010년 비영리 뉴스 제공 기관인 Bureau of Investigative Journalism이 수백 명의 민간인 사망자를 낸 미국의 예멘 공격을 맹비난했다. 당시 미국이 파키스탄과 예멘에 122회 이상의 폭격을 가하면서 사용한 것은 '드론'이다. 벌이 웅웅 소리를 내며 나는 것처럼 난다고 하여 이름 붙여진 무인 항공기다.

드론은 무선 전파로 조종할 수 있고 카메라, 센서, 통신 시스템 등이 탑재돼 있으며 25g부터 1,200kg까지 무게와 크기도 다양하다. 2000년대 초반에 개발되어 공군의 미사일 폭격 연습 대상으로 쓰였는데, 점차 정찰과 공격용으로 용도가 확장됐다. 조종사가 탑승하지도 않고도 적군을 파악하고 폭격까지 가할 수 있기 때문에, 2004년부터 미국은 드론을 군사용 무기로 적극 활용했다. 그러나 이 사건을 계기로 미국은 민간인 사망자를 줄이기 위해, 이후 드론 폭격에 좀 더 엄격한 기준을 제시하고 드론 공격 또한 줄이기로 했다. 이렇게 세계인의 이목을 집중 시켰던 드론은 여전히 90%가 군사용으로 쓰이지만 기업, 미디어, 개인을 위해서도 쓰이고 있다.

언론사는 스포츠 중계부터 재해 현장 촬영, 탐사보도까지 드론을 활발히 사용하고 있다. 카메라를 탑재한 드론은 지리적인 한계나 안전상의 이유로 가지 못했던 장소를 생생하게 렌즈에 담을 수 있고, 항공 촬영보다 촬영 비용도 훨씬 적게 들기 때문이다. 〈내셔널지오그래피〉는 2014년 탄자니아에서 사자 생태를 촬영하는 데 드론을 도입했고, 〈CNN〉도 터키 시위 현장, 필리핀 태풍 하이얀 취재 등에 드론을 활용했다. 국내 방송사들도 예능 방송이나 드라마 촬영에 이미 드론을 이용하고 있다. 이러한 이유로 HD급 고화질 동영상과 사진을 촬영할 수 있는 드론이 최근 많이 생산되고 있다.

배달 업계에서도 드론에 대한 관심이 많다. 영국 도미노피자는 2014년 6월 드론이 피자를 배달하는 모습을 유튜브에 공개했다. 2013년 12월 '프라임에어'라는 드론을 이용한 새 배송 시스템을 공개했던 미국의 아마존은 2016년 12월 드디어 드론을 이용한 첫 상업적 배달에 성공했다.

미국 방위산업 전문 컨설팅 업체 틸그룹에 따르면, 드론 시장은 2020년까지 연평균 8% 이상 성장해 114억 달러 규모로 발전할 것으로 보인다. 시장조사업체 그랜드뷰리서치는 개인용 드론 시장의 규모가 2024년에는 41억 9,000만 달러(약 5조원)에 이를 것으로 전망하기도 했다.

드론 시장이 이렇게 커지자 드론을 전문적으로 개발하는 스타트업들의 몸값도 덩달아 오르고 있는데, 그 중 하나가 DJI다.

중국 심천에 본사를 둔 DJI는 2006년 설립되었는데 민간 드론 시장의 70% 정도를 차지한다. 설립자인 프랭크 왕은 홍콩 기술대학교에서 전자공학을 전공하면서 어린 시절부터 푹 빠져있던 무선조정헬기를 계속 연구했는데, 그 대학에서 리저샹 교수를 만나 DJI를 설립했다.

2011년 420만 달러였던 DJI는 '팬텀 1'의 성공으로 2012년 폭발적으로 성장했다. 2009년 50만 달러(약 5억9,000만 원)였던 매출이 지난 2014년 5억 달러(약 5,900억 원)을 넘어섰다. 2015년에는 10억 달러(약 1조1,800억원) 매출을 돌파했다. DJI는 설립 당시 드론이 아닌 헬리콥터에 탑재하는 영상장치를 주요 제품으로 삼았다. 하지만 시장 변화를 감지하고 2013년 팬텀이라는 개인용 드론 제품군을 내놓으며 빠르게 성장한 것이다.

"생각만큼 제품이 완벽하지 않다"며 2015년 신제품 발표회장에 나타나지 않아서 화제를 모았던 프랭크 왕. 그는 차별화 된 기술을 강조하며 신제품을 다른 업체보다 빠르게 출시하고, 기존 제품을 할인하는 전략을 펼쳐왔다. 이런 전략으로 인해 개인용 드론의 원조 격인 미국 3D로보틱스는 2016년부터 개인용 드론 생산을 중단하고 드론 소프트웨어 시장에 집중하고 있다. 시장을 압도한 DJI는 오픈소스를 통하여 드론의 생태계를 주도

하는 새로운 전략으로 들어서고 있다.

    DJI는 2017년 스웨덴의 유명 카메라회사 핫셀블라드(Hasselblad) 지분의 과반을 인수했는데, 핫셀블라드의 카메라는 1960년대 아폴로 11호와 함께 달 탐사를 갔고 비틀즈 멤버들이 애비로드를 걷는 장면 등을 찍었다. 핫셀블라드의 카메라와 DJI의 드론 기술을 결합한 하이엔드 카메라 드론을 만들 것으로 보인다.

Section 1. 하드웨어 스타트업의 르네상스

Chapter1 다시 돌아온 하드웨어 전성시대
Chapter2 왜 하드웨어 스타트업인가

Hardware
Startup

중국의 약진과 심천 경제특구

세계 최대의 가전제품 박람회인 CES 2017에서 주목받았던 IoT(사물인터넷) 분야에 가장 많은 기업이 참가한 나라는 중국이었다. 기업 수 뿐 아니라 제품력 또한 뛰어나 전 세계를 놀라게 했다. 이처럼 신산업 하드웨어 분야에서 중국의 성장은 눈부시다. 그리고 이런 성장의 바탕이 된 건 심천경제특구였다.

심천 경제특구에는 샤오미를 비롯한 다수의 웨어러블(IoB) 제조 기업, 세계 1위의 드론업체 DJI를 포함한 수백 개의 드론업체가 있고, IoT 제조기업들이 존재한다.

등록 기업 수 86만 2천 여 개에 창업 비율은 인구 8.5명당 1명에 이르는 심천에서는 전 세계 휴대전화의 50%가 만들어진다. 심천 경제특구 중 화창베이에만 15만 개의 오프라인 하드웨어 관련 매장이 있다. 판매 종사원만 40만 명, 이를 중심으로 수백여 개의 초기 제조기업과 대기업형 제조 기업이 밀집해 있다. 초기 단계 하드웨어 개발을 위해 800여 개의 제조 회사들이 긴밀하게 유기적으로 움직이는 것은 경이롭기까지 하다.

심천은 하드웨어 엔지니어들에게 천국과 같은 곳이다. 샘플 부품 전문 제작회사부터 아이폰 생산 공장까지 심천은 제조업과 관련된 모든 것을 갖추고 있다고 해도 과언이 아니다. 예를 들어 화창베이의 전자상가나 웹사이트에서 저렴한 가격에 부품을 구해서 테스트를 하고 제품을 만들어낼 수 있다. 몇몇 공장은 설계 단계에서부터 협업하는 것도 가능하다. 정보 유출의 가능성이 있긴 하지만 엔지니어들과 직접 소통하면서 생산도 쉽게 완료할 수 있다. 제품 개발부터 생산까지 중간에 끊기는 과정이 없다. 부품의 가격도 저렴하다. 미국에서 소량으로 주문하기 어려운 카메라 부품도 심천에서는 10분의 1 가격에 구할 수 있다. 한 마디로 아이디어만 있으면 제품이 실현되는 곳이다.

그런데 심천이 하드웨어 스타트업의 성지로 떠오른 비결은 뭘까? 개방적인 협력의 산업 생태계가 잘 조성되어 있기 때문이다. 심천에는 30년 전에 영국과 독일에서 이전해온 회사들이 여럿 있다. 이런 의외의 개방성과 오랜 시간 축적된 기술력이 지금의 심천을 만들었다.

중국정부의 제조관련 지원도 무시할 수 없다. 최근 중국정부는 소프트웨어 회사뿐만 아니라 제조업 분야에서도 외국의 기술력을 도입하기 위하여 직접 나서고 있다.

그림 | 중국 심천의 하드웨어 스타트업 협력 구조

OEM / ODM 협력
중국어를 통해 엔지니어들과의 소통 가능. 유출 등에 대한 보완 문제가 있으나 쉬운 생산 가능.

프로토 타입 개발하기
수집된 부품들을 바탕으로 테스트를 하고 구상을 확장할 수 있음. 몇몇 공장은 설계 단계에서 협업 가능.

부품 소싱과 외주 파트너 확보
화창베이의 전자상가 혹은 웹사이트 등에서 부품을 조달함. 심천에서는 원하는 부품을 저렴하게 공급 가능.

자료 | Platum

　중국하면 폐쇄적일 거라는 생각을 하지만, 제조업과 관련해서는 규모와 함께 다양성이 존재한다. 더불어 특정 대기업 위주가 아닌 모든 제조사에 열려있는 협력 환경은 하드웨어 개발의 본질적 목적인 높은 품질과 낮은 가격을 구현하고 있다.

　이런 강점 때문에 전 세계 하드웨어 스타트업이 '실리콘밸리 디자인에 심천 개발 생산'으로 개방 협력해 나가는 추세일 수밖에 없다.

실리콘밸리·실리콘앨리

미국 제조업 고용은 지난 2000년부터 급속하게 감소해서 금융위기 직전에 이미 1940년대 수준으로 낮아졌다. 그런데 2010년 2월부터 65만 명이 증가했다. 제조업이 다시 부활했다는 것인데 그 내용을 보면 설립 한지 3년이 채 안 된 하드웨어 스타트업의 성장이 두드러진다. 미국에서는 이를 제조업 기업가정신의 회복 지표로 보고 있다. 그러나 엄밀히 정의하자면 이런 현상은 제조업과 서비스업의 결합이라는 4차 산업혁명의 트렌드가 반영된 현상이라고 보아야 할 것이다.

그림 | 미국 제조업 고용 추이

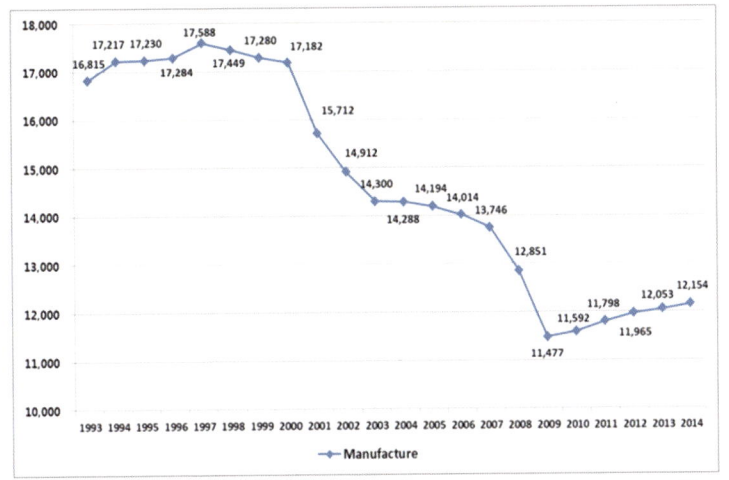

자료 | U.S Bureau of Labor Statistics

2013년 〈월스트리트 저널〉은 하드웨어 분야 창업이 전년 대비 55% 증가하고, 소프트웨어 벤처 투자와 하드웨어 관련 벤처 투자가 각각 9억 달러와 8.5억 달러로 거의 같은 수준에 이른 것에 주목했다.

그림 | 미국 HW 및 SW 관련 벤처 투자 추이

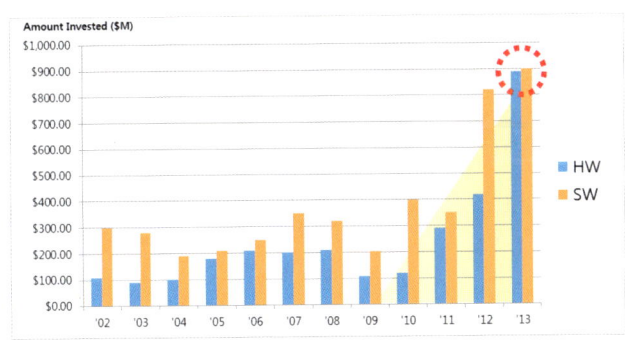

자료 | WSJ(2014.2.11.), Data: DJX VentureSource

여기에 기존 소프트웨어 스타트업의 발원지였던 실리콘밸리에서 하드웨어 관련 창업이 뚜렷이 증가하고 있다는 것은 큰 변화를 시사했다. 새로운 시대, 즉 4차 산업혁명을 이끌 새로운 형태의 스타트업의 등장인 것이다.

그림 | 하드웨어 분야 창업 증가율

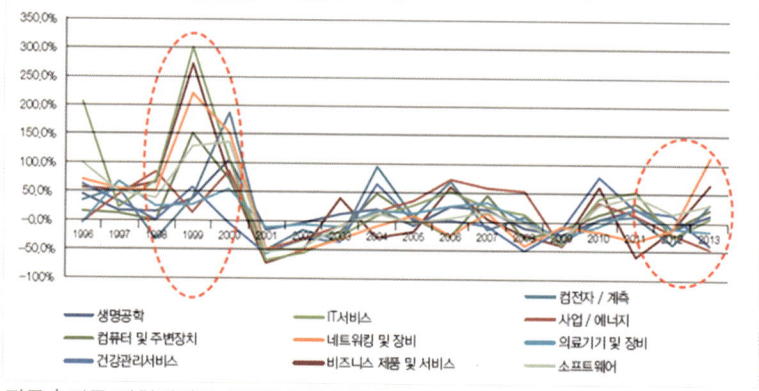

자료 | 미국 벤처캐피털 협회자료를 기초로 KOTRA 분석

한국은 정보기술이 주력 산업이다 보니 실리콘밸리의 성장 패턴을 그대로 따라왔다. 다시 말해서 실리콘밸리를 보면 한국의 미래 성장 모습을 예상할 수 있다. 이제 한국의 기업가들도 대규모 자본투자가 수반되는 전통 제조업보다는 린(lean)[2]의 개념을 고려한 하드웨어 스타트업에 주력해야 할 것이다.

한편, 미국 동부 뉴욕의 스타트업 열풍도 주목할 만 하다. 실리콘밸리의 아성에 도전하는 이곳은 '실리콘앨리(Silicon Alley)'라 불린다. 실리콘밸리는 캘리포니아의 IT기업들이 산타클라라 계곡 인근에 많이 있어 붙은 이름이고, 실리콘앨리는 로어

2) 과다 생산과 필요 없는 공정단계와 이동 등의 낭비요소를 제거하고, 노력, 설비, 시간, 공간을 덜 투자하고도 더 많은 것을 얻을 수 있는 방법

맨해튼과 미드타운 일대에 스타트업들이 밀집한 지역을 일컫는 말이다. 좁은 길이 촘촘히 이어진 뉴욕에 어울리게 살짝 비튼 이름이 실리콘앨리(alley·골목)다. 1990년대부터 IT관련 기업들과 창업자들이 자리를 잡으면서 형성된 실리콘앨리는 현재는 맨해튼 곳곳에 자리를 잡고 있는 스타트업들 때문에 이제는 특정 지역만으로 생각하기는 어렵다. 이제 뉴욕시의 5개 보로(Borough)를 전부 포함하는 용어로 쓰인다.

2000년 초반만 해도 실리콘밸리 못지않은 성장을 이룰 것이라는 예측이 많았지만 미국의 경기침체 및 금융위기 등을 겪으면서 뉴욕의 실리콘앨리는 주목할 만한 성장을 보여주지 못한 것이 사실이다. 하지만 2008년 금융위기의 충격을 벗어난 이후 텔레콤, 바이오, 핀테크, 애드텍 등을 중심으로 하는 수많은 스타트업의 도전과 함께 새로운 활기와 명성을 얻고 있다. 텀블러나 비즈니스인사이더, 셔터스톡과 같이 뉴욕에서 시작된 스타트업들의 성공사례가 나오기 시작하면서 눈에 띄는 성장세를 보여주고 있다.

데이터도그(Datadog)나 몽고DB같은 소프트웨어 회사가 뉴욕에 본사를 두고 있고, IBM같은 헤비급 IT 회사도 뉴욕에 본사를 두고 있다. 뉴욕에 있는 왓슨 연구 센터는 차세대 인공지능 기술을 선도하는 중이다. 구글, 페이스북, 트위터 같은 거대 소프트웨어 회사는 맨해튼의 중심지역에 본사 못지않은 화려한 건물을 지어놓고 개발자들을 유혹한다.

실리콘앨리는 패션, 미디어, 금융과 같이 뉴욕을 대표하는 산업군에 대한 스타트업들 위주라고 생각하기 쉽다. 물론 이와 관련한 스타트업들이 많다. 만화책을 온라인으로 제공하는 '코믹솔로지(Comixology)', 웹사이트와 모바일 앱으로 단번에 주변 식당에서 음식을 주문하고 결제하도록 하는 '심리스(Seamless)', 주방장을 집으로 초청해 인건비만 주고 요리를 부탁하는 '키친서핑(Kitchensurfing)' 등 뉴욕에서 성공적으로 자리 잡은 스타트업은 뉴욕에 탄탄히 자리 잡은 기존 산업에 IT를 접목해 사용자에게 새로운 가치를 제공한다. 그러나 실리콘앨리에는 텀블러(Tumblr)나 작닥(ZocDoc), 위워크(WeWork)처럼 다양한 업종을 기반으로 성공한 스타트업들이 존재하고 맨해튼을 벗어난 지역인 퀸즈나 브루클린에는 제조를 기반으로 한 스타트업들도 많다.

스타트업에게 있어서 실리콘앨리의 강점은 세 가지다.

첫 째로 뉴욕시의 전폭적인 지원이다. 뉴욕은 패션, 문화, 미디어, 출판 등 거의 모든 산업이 발전한 곳이다. 미국에서 가장 많은 인구가 모여 사는 큰 시장이기도 하다. 때문에 일반 소비자를 대상으로 하는 B2C 스타트업이 서비스를 내놓고 시장 반응을 살피기에 알맞은 토양이다. 한편 세계적 금융 중심지이기 때문에 투자 자금을 끌어오기도 용이하다. 이런 장점들을 살려, 마이클 블룸버그 전임 뉴욕 시장은 지역 경제에 변화를 꾀하고자 '디지털 시티'를 제안하고 전략적으로 IT 창업을 장려했던 것이다. 스타트업에 대한 무세금 혜택을 포함해 다양한 캠페인과 프로그램을 통해 스타트업에 대한 전폭적인 지원을 시작했다. 뉴욕시 경제개발국을 통해 제너럴어셈블리 등 스타트업 인큐베이터 5곳을 지원했다. 덕분에 지난 2007년부터 2011년까지 4년 동안 투자를 받은 뉴욕 소재 스타트업은 500곳에 육박한다. 현 뉴욕시의 정책도 뉴욕시의 스타트업들을 지속적으로 육성하고 특히 테크놀로지 기반의 경쟁력을 갖춘 도시로 만들고자 하는 목표를 가지고 있다.

두 번째는 동부에 소재한 명문대학들과 뉴욕 소재 대학들의 창업지원이다. 뉴욕에서는 뉴욕대(NYU), 컬럼비아대학, 코넬대학 등의 유수의 대학들이 학내 수많은 창업지원 프로그램 및 교과 과정을 통해 학생들이 기업가정신을 가지고 스타트업을 시작하도록 지원하고 있다.

뉴욕대는 소호에 인큐베이팅 센터, 본교 근처에는 레슬리 이랩(Leslie eLab)이라는 창업센터를 통해 창업 프로그램에 선발된 팀은 물론, 누구나 언제든지 멘토링을 받고 스타트업을 시작할 수 있는 환경을 제공한다. 컬럼비아대학 역시 Columbia Startup Lab과 창업 페스티벌 등을 통해 학부생, 대학원생들이 스타트업 업계에 뛰어들 수 있도록 모든 지원을 아끼지 않고 있다. 코넬대는 2013년 맨해튼에 NYC테크라는 공과대학 캠퍼스도 만들었다. 동부지역의 명문 대학들의 창업지원 열풍은 뉴욕시의 정책과 맞물려 실리콘앨리의 성장 원동력이 되고 있다.

실리콘앨리의 세 번째 강점은 바로 다양성이다. 뉴욕은 수많은 인종과 언어가 존재하고 이를 기반으로 다양성이 형성된다. 실리콘밸리에도 다양한 인종, 문화, 언어가 존재하지만 뉴욕은 이에 못지않은, 오히려 더 강한 다양성을 보여주고 있는 것이다.

실리콘앨리가 스타트업의 새로운 성지로 거듭날지는 세 가지 강점을 얼마만큼 활용해서 자체적인 생태계를 구축하고 성장을 이루어 내는지에 달려있다.

현재 뉴욕에 싹튼 스타트업 생태계는 실리콘밸리와는 조금 다르다. 또 고객밀착형 서비스 스타트업이 대다수다. 그러나 원래 퀸즈와 브루클린 지역이 1980년대 미국 제조업의 쇠퇴 이전까지는 제조단지였음을 감안하면 독창적인 하드웨어 스타트업의 성공사례도 곧 나올 수 있을 거라는 기대를 모으고 있다. 여하튼 4차 산업혁명은 스타트업에서부터 제품과 고객과의 융합을 요구하고 있다. 하드웨어 스타트업이다.

이제 하드웨어 스타트업을 가로막던 무거운 하드웨어의 진입장벽이 어떻게 해소되는가를 다음 장에서 살펴보도록 하자.

Section 2.
메타기술의 발전에 주목하라

Chapter1 디지털 DIY와 공유경제
Chapter2 DIY, 메타기술을 만나다
Chapter3 3D 프린팅 생태계를 구축하라
Chapter4 오픈소스 하드웨어를 적극 활용하라
Chapter5 빅데이터와 클라우드 컴퓨팅으로 새로운 가치를 도출해내다
Chapter6 하드웨어에 생명을 불어넣는 인공지능

Hardware
Startup

가내 수공업에서 소셜 맞춤으로

'너 스스로 하라'는 의미를 가진 'Do It Yourself'의 약어인 DIY를 보면 무엇이 떠오르는가? 아마 가구나 액세서리를 떠올리는 사람이 대부분일 것이다.

DIY는 소비자가 전문 업자에게 맡기지 않고 직접 제품을 제작하고 소비하며 수리까지 맡아서 하는 것을 말한다. 초창기 DIY는 가내 수공업형태의 소량 맞춤에서 시작되었다고 볼 수 있다. 산업화가 빠르게 진행되며 대량생산 체제로 접어든 1960년대에 일어난, 공장에서 찍어낸 똑같은 물건보다 필요한 물건을 손으로 직접 만드는 수공예의 가치를 중시하는 움직임으로, 영국과 미국에서 주로 생겨났기 때문이다. 이후 규격화, 대량 생산이 가속화 되면서 DIY는 2000년대에 들어서기까지 액세서리나 가구, 집을 수리하고 꾸미는 정도에 시장을 형성하는 듯 했다. 그러다가 디지털 기술 혁명이 일어나면서 다시 DIY 시대가 도래했다. 단, 과거와는 다른 '소셜 맞춤'의 단계로 진화한 형태다.

디지털 기술 혁명은 생산의 혁신 뿐 아니라 소비의 혁신도 불러일으켰다. 아마존의 '선행 배송 시스템', 개인 수공업자들을 위한 대규모 온라인 장터 플랫폼인 '엣시(Etsy)', 국내에서는 '메이커스 위드 카카오(MAKERS with kakao)'가 대표적인 예다. 메이커스 위드 카카오는 모바일 주문생산플랫폼으로, 제조회사가 먼저 샘플을 보여주고 구매자가 모이면 생산에 착수하는 제조업의 패러다임을 갖고 있다. 이윤을 낼 수 있는 최소생산수량(MOQ) 이상의 주문이 확보되면 생산에 들어간다. 이는 평균 20%에 이르는 재고물량을 없애는데 소비자는 재고비용이 제거된 가격으로 상품을 구매할 수 있으니 매우 합리적인 시장이다.

소비는 물론 제품 생산과 판매에도 직접 관여하여 해당 제품의 생산 단계부터 유통에 이르기까지 소비자의 권리를 행사하는 일명 '프로슈머'의 시대가 도래했다는 것이다.

인류 역사상 중요한 세 번의 분기점이 있었다. 첫 번째는 7만 년 전에 일어난 것으로 추정되는 인지 혁명이다. 이 시기의 소비는 인지와 소비가 결합된 형태였다. 프랑스 동굴 벽의 손도장이나 독일 슈타델 동굴에서 나온 상아 공예품 등에서 나타나듯이 예술품을 통해 자아를 표출했고, 언어 소통을 통해 협력과 교역을 했다.

두 번째 분기점인 약 1200년 전의 농업 혁명 시기에는 인류가 최초로 물질을 생산하기 시작했는데, 생산과 소비가 결합해 자급자족하는 '소량 맞춤'의 시대라고 볼 수 있다.

세 번째 분기점은 약 500년 전에 일어난 과학혁명이다. 이 시기에 인류는 1차(증기), 2차(전기), 3차(정보) 산업혁명을 통해 대량 생산의 시대에 돌입했고, 생산과 소비가 분리되었다. 그리고 4차 산업혁명과 함께 시작된 현재의 지능혁명 시기에 인류는 드디어 DIY와 함께 인지, 생산, 소비가 동시에 융합한 소셜 맞춤의 시대로 돌입하게 되었다.

그림 | 디지털 DIY의 시대, 집단 지능의 개성화

아주 먼 자급자족의 시대에는 저효율이 문제였다. 생산과 소비가 분리되었을 때에는 효율이 높은 대신, 생산량과 공급량이 불균형을 이루었다. 그런데 소셜 맞춤의 시대에는 생산과 소비가 결합한 형태이면서 동시에 고효율을 달성하게 되었다. 이렇게 소셜 맞춤 시대와 함께 출현한 프로슈머(Prosumer)[3]는 디지털 DIY 활동을 통해 지식과 자원을 공유한다. 공유경제, 특히 공유 소비의 핵심적인 역할을 하고 있는 셈이다.

공유 소비란 정보, 물질 그리고 관계 중 무엇을 공유하느냐에 따라 분류할 수 있는데, 이 중 관계의 공유가 프로슈머나 크리슈머(Cresumer)[4]의 형태로 진화를 촉발하고 있다.

---

3) Producer와 Consumer의 합성어로 토플러(A. Toffler)가 『제3의 물결』에서 경제 현상의 발화를 설명하기 위해 사용했다. 현대사회의 적극적인 문화 수용자, 소비자를 말한다. 소비자는 소비를 단순히 소비로만 그치지 않고 소비를 통한 생산으로 잇는 능동성을 보이며, 생산자가 전해 주는 의미가 아닌 자신들의 의미를 만들어 내는 작업을 하게 된다.

4) 창조를 의미하는 크리에이티브(Creative)와 소비자를 의미하는 컨슈머(Consumer)를 조합한 용어로, 일반제품을 자신의 취향에 맞게 새롭게 만들어내는 창조적인 소비자를 일컫는다.

공유경제(Sharing Economy)

신문 기사, 학술 세미나 등 요즘은 여기저기서 공유경제에 대해 많은 이야기를 하고 있다. "4차 산업혁명이 공유경제로 진화한다"고도 하고, 다보스 포럼 역시 "2025년 공유경제의 시대가 열린다"고 예측하고 있다. 그렇다면 공유경제란 대체 무엇일까?

전 세계에 협력적 소비를 소개하고 주창한 레이첼 보츠먼(Rachel Botsman)은 "공유경제는 공유된 정의가 없다"고 했다. 또 다양한 주체들은 이것을 오픈소스와 CC(Creative Commons), 온 디맨드(On-Demand), 협력적 소비, 프로슈머, O2O 경제, 개방혁신, 플랫폼 경제, 비영리 소셜경제, 긱 이코노미(Gig Economy) 등으로 다양하게 정의를 하고 있다.

그림 | 공유경제의 다양한 이름들

그러나 필자는 "공유경제는 경제 주체와 객체들의 공유"라고 포괄적으로 정의하고자 한다. 공유의 객체는 정보, 물질, 인간으로, 경제의 주체는 생산, 소비, 시장으로 분류하여 3*3의 9가지 분류체계를 세우면 모두 9개의 공유경제 영역들이 정의된다.

'공유 경제 큐브 모델'이라고 이름 지은 이 분류 체계 속에는 기존의 수많은 공유 경제 정의들이 모두 들어간다.

그림 | KCERN 공유경제 큐브 모델

공유경제는 소유하는 대신 서로 나눠 쓰고 빌려 쓰는 것이다. 삶에서 필요한 것을 서로에게 구하는 나와 너, 우리 중심의 경제이다.

얼핏 복잡하게 들리지만, 쉽게 생각해 보자. 사실 공유는 오래 전부터 우리 일상생활의 일부였다. 가족, 한 동네, 특정 커뮤니티 사이에서 이루어진 두레와 같은 활동이 바로 그 예다. 다만 공유의 범위가 전 세계로 확대되면서부터 경제적인 영향력이 확장됐다. 그리고 그것은 전 세계 사람들이 소셜 네트워크로 연결되고 스마트폰을 통해 언제든 소통할 수 있게 됐기 때문이다.

요즘 전 세계적으로 이슈가 되고 있는 차량 공유 시스템 우버(Uber)를 예로 들면 이해가 빠를 것 같다. 트래비스 칼라닉을 포함한 4명의 설립 멤버는 2010년 샌프란시스코에서 고급리무진을 대상으로 한 콜 서비스를 시작했는데, 이 서비스가 바로 우버다.

현재 전 세계 60여 개국 300개 이상의 도시에서 서비스를 제공하고 있는 우버의 운전자 수는 150만 명 이상이며, 우버 이용자는 1천만 명을 훌쩍 넘어섰다. 회사의 가치도 2013년 10억 달러에서 2년 만에 625억 달러로 껑충 뛰었다. 우버는 2016년 기업가치 1위의 스타트업이 되었다.

그림 | 2016년 6월 기준 전 세계 10대 기업가치 스타트업 순위

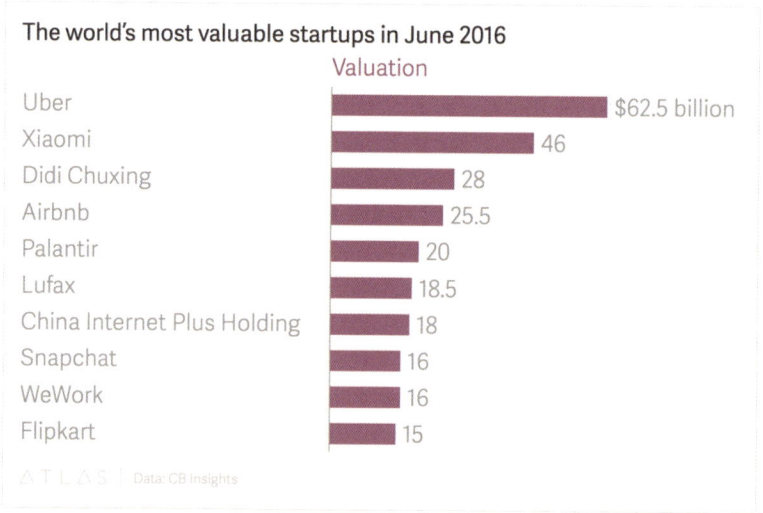

자료 | 애틀러스리서치

현재 우버의 대표적인 차량 공유 시스템인 〈우버X〉[5]는 우버

---

5) 우버는 한국에서 2013년 서비스를 오픈했으나 택시 업계 반발과 규제에 부딪혀 2015년 3월 차량 공유 서비스 '우버 엑스(X)'를 중단했다. 이후 한국에서는 고급형 리무진 서비스인 '우버 블랙'과 장애인을 위한 '우

를 일반 차량 공유 서비스로 확대한 것이다. 이동이 필요한 사람이 앱으로 서비스를 요청하면 자기 차를 가진 운전자가 와서 목적지까지 태워주는 '호출형 차량 공유 서비스'이다. 우버 앱에서 승차하고자 하는 출발점을 깃발로 표시하면 주변에 있는 우버 차량 정보, 대기 시간과 운전자 프로필을 확인하고 선택할 수 있다. 우버 차량 이용 금액은 일반 택시 이용 금액의 약 2배 정도 되는데, 목적지에 도착하면 승객에게 자동적으로 요금이 부과되고 운전자에게 송금된다. 전체 요금에서 운전자가 80%, 우버가 20%를 가진다.

우버 서비스는 콜택시 서비스와 유사하지만 우버의 기술로 최적의 운전자를 연결해서 빠르게 차량이 도착한다는 점과 일반인이 운전하는 차량이라는 점이 다르다. 기본적으로 주차장에 놓고 있을 차를 이동이 필요한 사람과 공유함으로써 돈을 버는 공유 경제의 모델이다. 또 앱으로 쉽게 원하는 곳에서 차를 불러 이동할 수 있다는 편의성 측면에서는 온 디맨드 서비스의 선도 기업으로 인정받고 있다.

공유라는 개념을 도입해 하드웨어와 소프트웨어가 만나 소셜 맞춤 서비스를 제공하면서, 우버는 차 한 대 없이 전 세계에서 가장 큰 교통서비스 제공 회사가 된 것이다.

버 어시스트'만을 제한적으로 제공하고 있다. 하지만 한국에서 제공 중인 고급형 서비스가 일반 택시에 비교해 가격이 두 배 이상 비싸 한국에서는 해외 다른 도시에 비해 더딘 성장세를 보이고 있다.

Section 2.
메타기술의 발전에 주목하라

Chapter1 디지털 DIY와 공유경제
Chapter2 DIY, 메타기술을 만나다
Chapter3 3D 프린팅 생태계를 구축하라
Chapter4 오픈소스 하드웨어를 적극 활용하라
Chapter5 빅데이터와 클라우드 컴퓨팅으로 새로운 가치를 도출해내라
Chapter6 하드웨어에 생명을 불어넣는 인공지능

Hardware
Startup

기술을 만드는 기술

　　디지털 DIY 시대, 소셜 맞춤의 시대로 진입하면서, 개개인은 내가 사용할 것을 직접 만들기도 할 뿐 아니라 예술품을 거래하듯 팔기도 한다. 과거 음악, 미술, 문학 등 예술 활동에는 많은 시간과 비용이 필요했으나 이제는 아이디어가 제품이나 서비스가 되기까지 시간과 비용이 훨씬 적게 들기 때문이다. 여기에는 메타기술(Meta-technology)의 발달이 큰 몫을 하고 있다.

　　메타기술이란 '**기술을 만드는 기술**'이다. 메타기술을 통해 누구나 쉽게 소프트웨어와 하드웨어 설계를 쉽게 할 수 있으며, 그것을 빠르게 안정적으로 구현할 수 있다. 마치 레고 블록을 끼워 맞추듯 기존에 있는 것들을 잘 융합하기만 하면 새로운 제품과 서비스를 만들어 낼 수 있는 것이다. 메타기술은 각자의 창의력을 극대화 시킬 수 있다는 측면에서 매우 각광받는 기술이다. 또 메타기술로 인해 보다 많은 개방형 플랫폼이 만들어 질 수 있으며, 이를 통해 다양한 비즈니스 기회를 창출할 수 있다.

과거 소수의 인력만이 접근 가능했던 기술개발이라는 영역이 보다 많은 이들에게 허락되고, 그것을 통해 다양하고 창의적인 어떤 것들의 구현이 가능해진 것이 메타 기술의 의의라고 할 수 있다.

그렇다면 메타기술은 구체적으로 어떤 것들일까?

가장 대표적인 것이 3D 프린팅이다. 3D 프린터는 3D도면을 바탕으로 3차원 물체를 만들어 내는 프린터이다. 잉크 대신 금속, 고무, 플라스틱 같은 원재료가 들어있다. 설계도에 맞게 재료들을 쌓아가면서 실제 물건처럼 입체감 있게 만들어준다. 물론 물체의 내부 구조까지 완벽하게 재현한다. 기존의 금형 방식은 비싸고 제조 시간이 긴데 반해 3D 프린터는 재료를 녹여 노즐에서 분사하는 방식으로 가격과 시간을 대폭 절약할 수 있다. 즉 소량 다품종·주문형·개인화에 적합한 도구로 볼 수 있다.

이 3D 프린터를 활용하면 개인은 얼마든지 상상력을 발휘해 신선한 아이디어의 제품을 집에서 만들고 시장에 내다 팔 수 있다. 이때, 3D도면은 오픈소스 커뮤니티를 통해 얻을 수 있다. 오픈소스에 관해서는 뒷장에서 다시 한 번 다루겠지만, 4차 산업혁명 시대에는 주요 기술의 소스를 공개하여 시장 전체의 크기를 키우는 추세이다.

서빙고에서 얼음을 공수해 먹던 조선시대에 집집마다 냉장고가 있는 현대의 모습을 상상할 수 없었던 것처럼, 3D 프린터를 집집마다 들여놓고 활용하는 모습을 지금 완벽하게 상상하기 어렵다. 분명한 것은 매우 다양한, 개인의 창조성이 발휘된 제품들이 나오게 될 것이라는 점이다.

"엄마, 새로운 옷이 필요해요."
"원하는 디자인을 공유 사이트에서 골라 프린터로 한 벌 뽑아 입으렴."

미래의 어느 날, 어머니와 딸은 이렇게 대화할 지도 모른다.

영국의 산업혁명이 '대량생산'으로 19세기의 산업을 이끌었다면, 3D 프린터 시장은 오픈소스와 함께 정반대인 '소량생산'으로 21세기 산업을 이끌게 될 것이다.

메타기술을 이루는 3가지 요소

그림 | 메타기술의 3대 구성요소

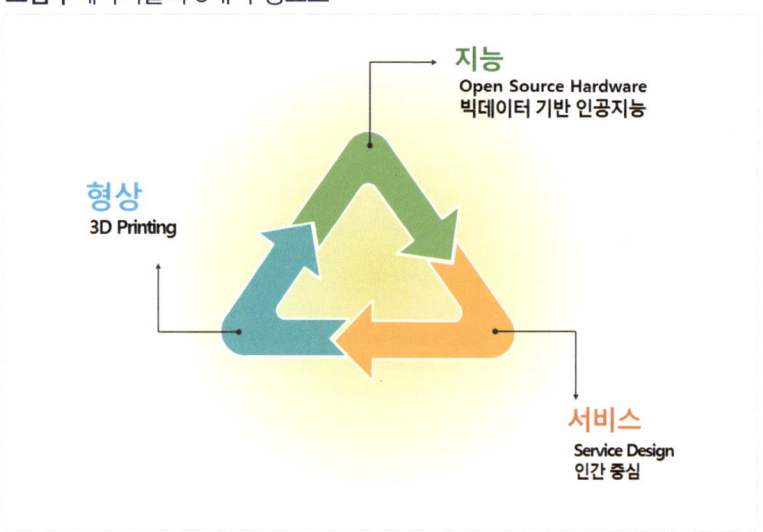

앞서 설명한 것처럼 물건을 만들어 팔려면, 어떻게 만들지 구

상하고 모양을 만들어서 원하는 사람에게 제공하는 일련의 과정이 필요하다. 이 과정을 도와주는 메타 기술의 핵심 기술 요소는 크게 오픈소스, 3D 프린터 그리고 사용자 중심의 서비스 디자인이다.

메타기술의 지능 요소, '오픈소스'

사물이나 제품을 만드는데 필요한 기술을 개방해 다수의 사람들이 창작할 수 있도록 회로도나 코딩 정보, 재료 등을 공유한다. 이를 통해 1차, 2차 뿐 아니라 n차 창작이 이뤄질 수 있다. 아두이노, 라즈베리 파이 등이 대표적인 오픈소스 하드웨어 플랫폼이다.

형상을 만드는 요소 '3D 프린터'

3차원 모델링을 통해 사물을 제조할 수 있는 프린터인 3D 프린터 기술은 1984년 미국의 찰스 헐(Charles W. Hull)이 설립한 회사에서 발명 되었으며, 1986년에 특허를 받은 기술이다. 3D 프린터 덕분에 개인이나 기업 모두 원하는 형태를 만들기 쉬워졌고, 빠른 생산·검증·양산이 쉬워졌다. 현재 3D 프린터는 피규어, 자동차 부품 등은 물론 인체의 장기를 만들어내는 '바이오 프린팅' 단계까지 이르렀다.

사용자 중심 설계를 위한 '서비스 디자인'

물건을 잘 만든다, 또는 서비스를 잘 한다는 것은 어떤 의미일까? 시대에 따라 사람에 따라 기준이 다르고 답 또한 달라질 것이다. 그렇다면 4차 산업혁명이 도래한 지금은 무엇이 중요한 기준이 될까?

　기술의 수준이 상승한 지금은 기술 수준보다 사람이 기술을 받아들이는 수용성이 더 중요해졌다. 기술의 진보는 이미 상당한 수준이다. 때문에 높은 기술 수준에 대한 욕구는 상대적으로 줄어든 대신, 다양한 서비스들이 사람에게 어떻게 편의성 있게 다가가고 수익 모델을 창출할 수 있을지에 대한 연계 연구가 활발하게 이뤄지고 있다.

Section 2.
메타기술의 발전에 주목하라

Chapter1　디지털 DIY와 공유경제
Chapter2　DIY, 메타기술을 만나다
Chapter3　3D 프린팅 생태계를 구축하라
Chapter4　오픈소스 하드웨어를 적극 활용하라
Chapter5　빅데이터와 클라우드 컴퓨팅으로 새로운 가치를 도출해내다
Chapter6　하드웨어에 생명을 불어넣는 인공지능

Hardware Startup

프린터가 자동차를 만드는 시대

메타기술의 중요한 부분을 차지하는 3D 프린터에 대해서 좀 더 얘기해 보자.

프린터가 자동차를 만드는 시대라고 하면 말도 안 되는 소리라고 웃는 사람이 분명 있을 것이다. 아직도 프린트를 종이에 인쇄물을 출력하는 정도로 생각한다면 말이다. 그러나 '3D 프린팅(3D Printing)'은 디지털 디자인 데이터를 이용해 3차원 물체를 제조하는 프로세스로, 제조 절차와 생산에 커다란 변혁을 가져오고 있다. 미래학자 엘빈 토플러는 2006년 저서 〈부의 미래〉에서 3D 프린팅이 그동안 상상하지 못했던 그 무엇이든 만들어낼 수 있을 것이라고 예측한 바 있다. 10년도 지나지 않아 그의 예측은 현실이 되었다.

3D 프린팅 기술의 발전에서 가장 획기적인 활용 분야 가운데 하나는 자동차이다.

미국 로컬모터스(Local Motors)의 CEO인 제이 로저스(Jay Rogers)는 오크리지 국립연구소(ORNL; Oak Ridge National Laboratory)와 함께 세계 최초의 3D 프린팅 자동차인 Strati를 생산했다. 이 자동차는 ORNL과 신시내티 주식회사(Cincinnati Inc.)가 개발한 라지 스케일 3D 프린터(Large Scale 3D Printer)를 이용해 제작했다. 또한, 미국 일리노이주 시카고에서 개최된 2014년 국제 제조 기술 전시회(IMTS; International Manufacturing Technology Show)에서는 이 자동차를 불과 44시간 만에 3D 프린팅으로 제작했다. 이렇게 만들어진 자동차는 최대 60km의 속도로 달릴 수 있었다.

그림 | 3D 프린터로 출력한 전기차

자료 | 로컬 모터스

3D 프린팅 기술은 다양한 재료를 한 층씩 쌓아 제품을 제작

하는 적층가공 방식이어서 디자인에 제약을 받지 않기 때문에 특히 복잡한 디자인의 제품을 제작하는 경우 기존 제작 방식보다 우위에 있다. 자동차, 주택과 함께 3D 프린터가 가장 활발하게, 성공적으로 활용되는 분야가 인공장기 등 생체 조직을 출력하는 바이오 프린팅인 이유도 거기에 있다.

다양한 3D Printer

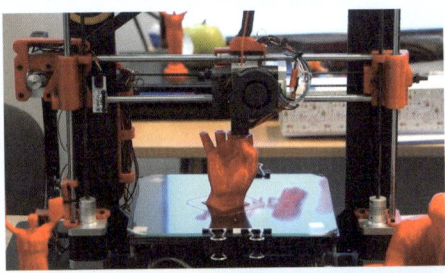

손모형 프린팅 시연 중인 3D 프린터

자료: shutterstock.com

유아를 위한 장난감을 프린팅한 3D 프린터

자료: 3Dprint.com

3D 프린팅, 전 세계가 주목하는 미래기술

"3D 프린팅은 거의 모든 제품의 제작방식을 혁신할 잠재력이 있다. 3D 프린터를 통해 미국 제조업을 부흥시키겠다."

- 미 오바마 대통령

"3차원 인쇄는 100년 전 포드가 자동차 대량 생산을 시작한 것과 맞먹는 파급 효과를 가져 올 것이다."

- 이코노미스트

3D 프린터는 미국 오바마 대통령, 이코노미스트 뿐 아니라, WEF와 글로벌 경영컨설팅 업체인 맥킨지 역시 미래를 바꿀 기술로 꼽았을 정도로 각광을 받고 있다.

시제품의 제작비용과 시간을 절감하고 복잡한 형상까지 제작

가능하니, 다품종 소량 생산 및 손쉬운 맞춤형 제작을 가능케 한다. 3D 프린터만 있으면 누구든 자신이 원하는 물건을 디자인해 손쉽게 제작할 수 있다. 4차 산업혁명에 맞는 새로운 제조업의 부흥을 위한 핵심 제조 기술로 여겨지는 것이 당연한 일일 것이다.

그런데 시대를 잘 만나야 하는 건 사람만이 아닌 듯하다. 3D 프린터는 1980년대부터 존재했다. 미국 3D시스템즈사가 플라스틱 액체를 굳혀 물건을 만드는 프린터를 개발한 것이 그 시초였다. 주로 시제품의 제작에 사용됐다. 그렇다면 80년대부터 존재했음에도 불구하고 이제야 대내외적으로 주목을 받게 된 이유는 뭘까? 이유는 크게 특허만료, 제품 성능의 향상, 디자인 고도화, 다양한 활용성으로 설명할 수 있다.

2012년 3D 프린팅 플라스틱 압출형 방식이 특허 만료가 되었는데, 이것을 시작으로 기존 특허들이 줄줄이 만료되고 있다. 이것은 다른 기업의 입장에서 좋은 기회가 된다. 기술 진입장벽이 낮아졌기 때문에 이를 발전시키거나 새로운 방식의 기술을 개발하려는 노력을 기울일 수 있는 것이다. 또, 3D 프린터 기술의 발전은 제품 출력 속도와 내구성을 급속도로 향상시키고 있다.

글로벌 기업인 GE는 2016년 출시 예정인 제트 엔진에 3D 프린터로 출력한 부품을 사용할 예정이며 판매한 제트 엔진의 일부가 고장 날 경우 현지에서 해당 부품을 바로 출력하여 교체

하는 계획을 추진 중이다. 이를 위해 지난 2012년 3D 전문기업인 모리스테크놀로지 등 2개 기업을 인수해 별도의 연구센터를 설립했는데, 오는 2020년까지 10만 종류의 제트엔진 관련 부품을 생산하기로 확정했다. 또 추가로 향후 5년간 30억 달러를 산업용 3D 프린팅에 투자한다는 계획도 발표했다.

오픈 설계 데이터를 얻을 수 있는 곳이 점점 많아지는 추세이고, 나일론 소재의 비키니, 경량화 된 도어 경첩, 두개골이나 인공 장기 출력 등 활용성도 커져서 3D 프린터는 전 세계의 주목을 받고 있다.

그림 | 3D 프린터로 제작된 인물들

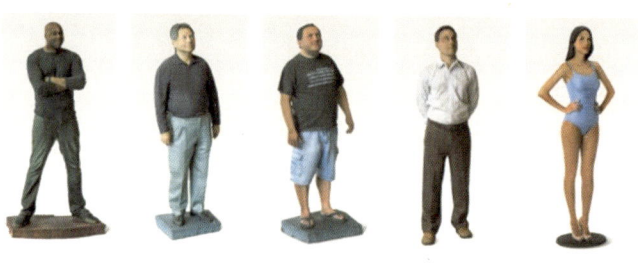

그림 | 3D 프린터로 제작 된 두개골 임플란트

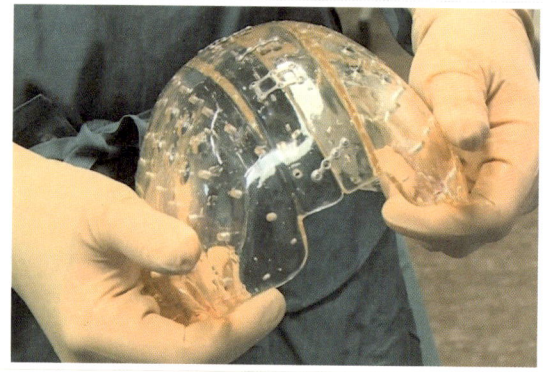

그림 | 3D 프린터로 제작된 제품들

에어버스社 도어경첩 경량화

인공장기 출력

3D 프린팅과 '디지털 복원'

최근 3D 프린팅을 이용한 디지털 복원 작업이 각광받고 있다. 대표적으로, 캐나다의 작가 타니아 라르손(Tania Larsson)은 2015년 5월, 3D 프린팅을 이용해 18세기 미국 원주민의 도구를 재구성하는 데 성공했다. 그녀는 스미스소니언 국립 아메리칸 인디언 박물관의 전시품들을 복제했다. 레이저 스캐닝과 사진측량 기술로 도구들의 이미지를 수집하고, 3D 모델링 소프트웨어와 3D 프린터를 통해 도구들을 재창조한 것인데, 그녀의 작업은 캐나다 공영방송 CBC를 통해 몇 차례 보도돼 화제를 낳기도 했다.

타니아 라르손의 3D 프린팅 작업: 18세기 미국 원주민의 도구 재구성

자료: 바이스미디어 머더보드

또, 지난 2016년 4월에는 IS에 의해 파괴된 유네스코 세계유산 시리아 팔미라 유적의 'Temple of Bel' 입구를 3D 프린터로 복제해 런던 트라팔가 광장에 세워놓기도 했다. 비록 신전 전체를 복제하지는 못했지만, 15미터에 이르는 아치 형태의 신전 입구를 다시 살려낸 파괴된 유산에 대한 새로운 시도였다. 3D 프린팅 기술의 발달은 고고학 분야에서도 희망이 되고 있는 셈이다.

팔미라 유적의 'Temple of Bel'

3D 프린터와 생태계

중국의 3D 프린팅 건설업체인 WinSun은 3D 프린팅 기술로 하루에 열 채의 집을 지으며 전 세계적인 화제를 모았는데, 2015년에 들어서는 세계 최초로 5층짜리 아파트와 고급 빌라 시공에도 성공했다. 그런데 여기서 알아둘 점이 있다. 자동차를 만드는 것도, 집을 짓는 것도 프린터가 아니라 프린팅이라는 것이다. 다시 말해 3D 프린터의 핵심은 프린터(printer)가 아니라 프린팅(printing)과 프린티드(printed)인 셈이다.

그림 | 3D 프린팅 기술로 지어진 5층 빌라

　3D 프린팅 시장은 크게 설계, 디자인의 영역과 출력의 영역으로 나뉜다. 또 설계, 디자인 부분은 교육, 설계 지원, 플랫폼으로 나눌 수 있으며, 출력 부분의 경우 다시 출력 기기와 주변 기기 출력 서비스 시장으로 나눌 수 있다. 이 모든 것들이 유기적으로 발달되어야 제 기능을 발휘할 수 있는 것이다.

　설계와 디자인 영역의 경우, 비용이 크게 들지 않는다. Shapeway 혹은 Thingiverse 같은 공유 사이트에서 설계도면을 저렴한 비용으로 얻을 수 있기 때문이다. 또 교육 활동도 메이커 마켓이나 워크샵 등을 통해 활발하게 이루어지고 있다. 출력 분야는 3D 프린터나 3D 스캐너 등 출력을 위한 보조기기를 판매하는 기업들, 3D 프린터로 대신 출력을 해주는 출력 서비스 업체들이 있다. 그러나 안타깝게도 아직까지 국내에는 3D 프린터와 관련해 적극적인 활동을 펼치는 커뮤니티가 거의 없다. 3D 프린터 모델 공유 서비스로서 최근 론칭한 메이커스앤(MakersN), 출력 서비스 업체인 3D Mon 정도가 있는 정도이다.

그림 | 3D Mon의 3D 프린팅 서비스

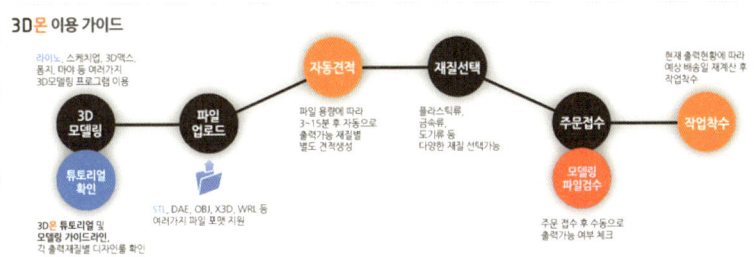

자료 | www.3dmon.co.kr/

다양한 분야에서 진화하고 있는 3D 프린터를 잘 활용하기 위해서는 3D 프린터에 대한 이해를 높이고 동시에 관련된 생태계를 잘 구축하는 것이 중요하다.

Section 2.
메타기술의 발전에 주목하라

Chapter1　디지털 DIY와 공유경제
Chapter2　DIY, 메타기술을 만나다
Chapter3　3D 프린팅 생태계를 구축하라
Chapter4　오픈소스 하드웨어를 적극 활용하라
Chapter5　빅데이터와 클라우드 컴퓨팅으로 새로운 가치를 도출해내다
Chapter6　하드웨어에 생명을 불어넣는 인공지능

Hardware
Startup

기술 자유주의 '오픈소스 하드웨어'

혹시 '이대리 노트'라는 말을 들어 본 적이 있는가?

국내 자동차산업 역사의 산 증인인 이충구 전 현대자동차 사장이 대리 시절 만들었다는 일명 '이대리 노트'는 자동차 업계에서 알 만한 사람은 다 아는 유명한 얘기다.

1970년대 초 입사 5년차 대리였던 그는 국내 최초 고유모델 자동차 개발을 위해 자동차 설계를 의뢰한 이탈리아 디자인 회사에 파견을 나갔다. 파견된 직원 6명 중 막내였던 그는 디자이너와 엔지니어의 도면작업 등을 정리하는 일을 맡았는데, 이탈리아 회사 직원들이 핵심 기술은 철저히 숨기고 복사조차 못하게 하는 바람에 애를 먹었다. 결국 모눈종이에 선 하나 긋는 데에도 며칠을 끄는 이탈리아 설계팀의 눈을 피해 설계 전 과정과 도면을 일일이 노트에 손으로 옮겼다. 낮에 본 것을 기억해 두었다가 숙소에 돌아와 그대로 그리고 적은 것이다. 그 노트는 현대자동차 자동차 사업의 '설계도'이자 '나침반'이 됐고 그렇게 탄생한 것이 '포니' 자동차다.

비슷한 시기를 거친 한국 기업들의 성공신화를 들어보면 이처럼 선진국 기업들로부터 기술을 이전받기 위해 고전했던 내용이 빠지지 않고 등장한다. 특허 기술이 있어야만 생존할 수 있는 시대였던 것이다.

그런데 이제는 상황이 180도 달라졌다. 2015년 말, 전기 자동차 제조의 선두 업체인 미국의 테슬라가 자신들이 가진 특허를 공개했다. 이유는 전기차 시장 확대를 위해서라고 했다. 거대 IT 기업들의 경우에는 경쟁하듯 인공지능(AI) 기술을 공개하고 있다. MS는 머신러닝 오픈소스 툴킷 'DMLT'를, 구글은 머신러닝 엔진 '텐서플로우(Tensorflow)'를 오픈소스 SW로 전환했다. 국내 기업 가운데 삼성전자가 딥러닝 플랫폼 '벨레스(Veles)'를 오픈소스로 공개했다. 동영상 스트리밍 서비스 업체 넷플릭스까지 멀티 클라우드 플랫폼인 '스핀에이커(Spinnaker)'를 공개하며 오픈소스 행렬에 가세했다.

중국 검색엔진 기업 바이두는 1월 음성인식 SW 'WARP-CTC'의 소스코드를, MS는 오픈소스 분석 플랫폼 'R 오픈(R Open)', 챗봇(채팅과 로봇의 합성어) SW 프레임워크 '봇프레임워크(BotFramework)'를 오픈소스로 전환했다.

구글은 자연어를 학습할 수 있는 신경망 프레임워크 '신택스넷(SyntaxNet)'을, 아마존은 딥러닝 프레임워크 'DSSTNE'의 소스코드를 공개했다. 알테어도 슈퍼컴퓨터 작업 부하관리 프로그램 'PBS 프로페셔널(PBS Professional)'을 오픈소스화 했다.

그야말로 **오픈소스 시대**, 다른 말로 **기술의 자유주의 시대**가 활짝 열렸다.

표 | 글로벌 주요기업 소스코드 공개 현황

기업	시점	세부내용
이베이	2015년 2월	실시간 분석플랫폼 '펄사' 공개
링크드인	2015년 6월	실시간 분석 기술 '피노' 공개
에어비앤비	2015년 6월	머신러닝 SW '에어로솔브' 공개
마이크로소프트	2015년 11월	머신러닝 오픈소스 툴킷 'DMLT' 공개
	2016년 1월	오픈소스 분석 플랫폼 'R 오픈' 공개
	2016년 3월	챗봇 SW 프레임워크 '봇프레임워크' 공개
구글	2015년 11월	AI엔진 '텐서플로우 공개
	2016년 5월	자연어 학습 신경망 프레임워크 '신택스넷' 공개
	2016년 12월	텐서플로우 활용 데이터 시각화 도구 '임베딩 프로젝터' 공개
삼성	2015년 11월	딥러닝 플랫폼 '벨리스' 공개
넷플릭스	2015년 11월	멀티클라우드 플랫폼 '스핀에이커' 공개
	2016년 12월	마이크로서비스 오케스트레이터 '컨덕터' 공개
바이두	2016년 1월	음성인식 SW 'WARP-CTC' 공개
아마존	2016년 6월	딥러닝 플레임워크 'DSSTNE' 공개
킥스타터	2016년 12월	킥스타터 안드로이드·iOS 앱 공개

그렇다면 오픈소스 하드웨어는 무엇일까? 오픈소스 하드웨어는 해당 하드웨어에 관한 소스를 오픈하는 것이다. 제품 제작에 필요한 회로도, 설명서, 인쇄회로 기판 도면 등을 공개함으로

써 누구나 이를 활용한 제품을 개발할 수 있도록 지원하는 하드웨어를 의미한다. 오픈소스 하드웨어 협회는 "오픈소스 하드웨어는 누구나 이 디자인이나 이 디자인에 근거한 하드웨어를 배우고, 수정하고, 배포하고, 제조하고 팔 수 있는 그 디자인이 공개된 하드웨어"라고 정의했다. 즉 법적, 제도적 제약에 구애받지 않으면서 누구나 만들 수 있고 경우에 따라 수정해서 배포도 가능하다.

그림 | 오픈소스로 제작된 OpenROV 2.7 Mini Observation Class ROV

자료 | http://www.openrov.com/

단 오프소스는 규약에 따라 개방의 정도는 차이가 있으며, 무료라는 생각은 오류임을 인지할 필요가 있다.

놀라운 것은 초기에는 저가이면서 단순한 One-Chip 형태의 프로세스, 단순 응용 및 제어 기능이 중심인 하드웨어들이 공개 되곤 했는데, 이제는 고성능의 하드웨어 소스까지도 공개되고 있다는 점이다. 일반인도 자신의 지식과 아이디어를 활용해서 저렴한 비용으로 신규 제품을 제작할 수 있는 오픈소스 하드웨어 시대는 연구 인력과 자금이 부족한 중소 벤처 기업에게 큰 기회가 될 것이다.

아두이노·라즈베리 파이·비글론 블랙·갈릴레오

혁신의 새로운 성장 동력인 오픈소스의 시작은 과연 언제부터 일까?

오픈소스는 매우 오랜 역사를 갖고 있다. 하지만 본격적으로 확산이 된 것은 2010년 후반부터라고 볼 수 있다. 여기에는 인터넷 통신망의 발달, 소셜 네트워크의 발달이 큰 영향을 미쳤다. 그리고 이제는 하드웨어도 오픈소스화되고 있다.

대표적인 오픈소스 하드웨어 플랫폼으로는 아두이노(Arduino), 라즈베리 파이(Raspberry Pi), 비글본 블랙(BeagleBone Black), 갈릴레오(Galileo) 등이 있다.

아두이노는 이탈리어로 '친한 친구'라는 뜻이다. 2005년 이탈리아 작은 도시의 예술과 IT의 융합을 가르치던 대학원에서 공학도가 아닌 예술학도도 쉽게 접근할 수 있도록 만든 저렴한 전자교육용보드 제품으로, 나오자마자 꾸준히 전 세계적인 인기를 끌고 있다. 아두이노는 마이크로 컨트롤러(Micro controller)를 내장한 기기 제어용 기판으로 컴퓨터 메인보드의 단순 버전이라고 할 수 있다. 이 기판에 다양한 센서나 부품 등의 장치를 연결할 수 있다. 컴퓨터와 연결해 소프트웨어를 로드하면 동작을 하게 되므로 제어용 전자 장치부터 로봇까지 다양한 제품을 만들 수 있다. Windows, Mac, 리눅스 등 다수 OS를 지원하며 가격도 20~30달러, 우리 돈을 3~4만 원 대로 저렴하다.

라즈베리 파이는 최소한의 컴퓨터 부품을 손바닥 만한 보드에 탑재한 제품이다. 키보드, 마우스, 모니터만 연결하면 PC가 될 수 있다. 즉 일반 데스크톱과 유사하다는 것이 강조되는 제품이다. 영국 라즈베리 파이 재단이 2012년 미국의 Broadcom의 BCM2835칩을 기반으로 개발한 것인데, 학교나 교육기관에 싼 값에 보급하기 위한 교육용으로 고안됐다. 학생들의 컴퓨터 교육을 확대한다는 취지였다. 전용 OS인 라즈비안을 적용했다. 지금은 리눅스 등 다양한 오픈소스 OS가 제공되고 있다. 가격은 역시 20~30달러 대다. 저렴한 가격 덕분에 2012년 처음 제품이 나온 이후 2013년 1월 초에 백만 대가 판매되었다. 개발자가 상상하는 제품을 자유롭게 구현할 수 있다는 점이 라즈베리 파이의 매력이다.

영국 사우스햄프턴 대학 사이먼 콕스 교수는 6살짜리 아들과 함께 레고 블록과 라즈베리 파이 64개로 '이디스 파이'라는 슈퍼컴퓨터를 만들었다. 제작비는 2,500파운드, 우리 돈으로 약 450만 원 정도이다. 컴퓨터는 쉽게 다룰 수 있고 필요하면 누구나 만들 수 있다는 것을 보여주기 위한 실험적인 프로젝트였는데, 그는 이 슈퍼컴퓨터 제작기를 도면과 함께 공개하기도 했다.

그림 | 라즈베리 파이로 만든 슈퍼컴퓨터 이디스 파이

자료 | 사우스햄프턴대학

비글본 블랙은 메이저 반도체 제조사인 텍사스 인스트루먼트(Texas Instrument)가 개발한 단일 기판 컴퓨터다. OMAP 3530 기반으로 제작되었으며 안드로이드, 크롬 OS 기반이며 ARM Cortex- A8 CPU, 고속 비디오 오디오 처리 DSP 등이 내장되어 있어 경쟁 제품들과 비교했을 때 고성능을 자랑한다. 그러나 라즈베리 파이처럼, 개발능력에 상관없이 쉽게 접근할 수

있는 환경을 제공하고 있다. 값싼 작은 컴퓨터에 원하는 주변기기를 붙여 초보 개발자를 포함한 누구나가 자신이 원하는 임베디드 시스템을 구성할 수 있도록 설계되었기 때문에 교육용으로도 적합하다.

갈릴레오는 인텔이 사물인터넷 분야에서 주도권을 되찾기 위해 만든 첫 번째 오픈소스 하드웨어이다. 인텔은 아두이노와 협력하여 x86펜티엄 아키텍처 저전력 코어 제품은 Quark 칩을 장착한 갈릴레오 보드를 2013년에 출시했고, 이어서 '에디슨', '큐리' 등을 내놓고 있다. 갈릴레오 보드는 인텔의 Quark SoC x1000(32bit 펜티엄 클래스 SoC) 프로세스를 기반으로 하였으며 아두이노 우노 R3용 쉴드와 호환 가능한 HW와 SW 아키텍처 기반으로 했다. 즉 아두이노의 생태계를 수용한 제품이다.

미니 PC에서 휴머노이드 로봇까지

오픈소스 하드웨어 툴킷은 손바닥만한 작은 기판 위에 각종 제어 장치 및 프로세서들이 결합돼있어서 무엇을 연결하느냐에 따라 다양한 용도의 사물로 재탄생하게 된다.

세계 각국의 사람들은 다양한 오픈소스 하드웨어 커뮤니티를 활용해 정보를 공유하고 매일 새로운 아이디어를 도출해 낸다. 예를 들어 아두이노(www.arduino.cc)에 모여서 실내 미세먼지 측정기를 제작한다거나 라즈베리 파이로 개인 맞춤형 노트북을 만들어낼 수 있다. 또 드론이나 무인보트도 개성 있게 제작할 수 있다.

그림 | 오픈소스 하드웨어 사례

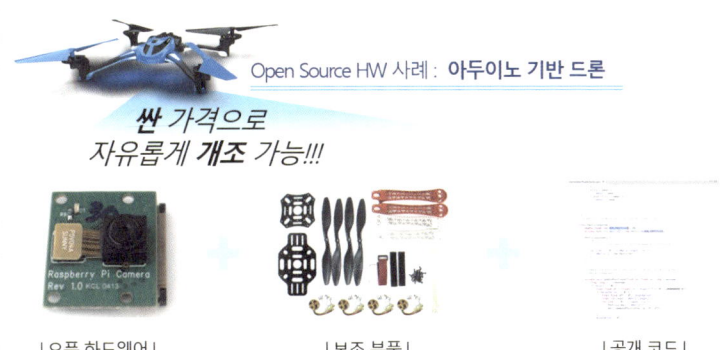

| 오픈 하드웨어 | | 보조 부품 | | 공개 코드 |

소셜 드링크 머신은 사용자가 원하는 칵테일을 만들어주는 기계다. 칵테일 제조법이 담긴 QR코드를 비추면, 기계가 자동으로 칵테일을 만들어주는데 칵테일 조리법을 알고 있는 바텐더 역할을 아두이노가 담당한다.

그림 | 소셜 드링크 머신

자료 | 오픈소스 하드웨어 네이버캐스트

화분에 수분이 부족하면, 주인에게 트윗을 날리도록 고안된 아두이노도 있다. 2008년에 처음으로 공개되었는데, 디자이너인 레베카 브레이(Rebecca Bray)가 주축이 되어 아두이노에 습도 센서를 달아 토양에 물이 필요할 때 트윗을 보내도록 프로그래밍한 것이다. 식물에 물을 주면 감사 메시지도 전송한다. 미국 Wifi칩 제조사인 스파크는 온도감지센서, 아두이노, Wifi모듈 등을 이용해 스마트 온도 조절기를 개발했다. 명함 크기의 아두이노 보드 기반 테트리스 게임기 아두보이는 두께가 1.6mm에 불과하고 OLED 스크린, 조작 버튼, 9시간 용량의 배터리를 탑재했다.

그렇다면 로봇과 같은 것은 어떨까?

2015년 한국과학기술원(KAIST)이 개발한 인간형 로봇 '휴보(HUBO)'가 미국에서 열린 세계재난로봇대회(DRC)에서 우승을 차지한 뒤 우리나라에서도 로봇을 스스로 조립해보려는 사람도 늘고 있다. 이때 가장 대중적으로 쓰이는 DIY 로봇 플랫폼은 아두이노다. 가격이 비교적 저렴하고 도움을 받을 수 있는 커뮤니티도 많이 형성되어 있기 때문이다. 아두이노의 보드 중에서도 특히 '우노(Uno)'[6]가 많이 쓰인다.

---

6) 현재의 대표 제품인 아두이노 우노는 Atmega 328이란 AVR MCU(마이크로 컨트롤러 유닛)를 기반으로 하며 센서를 결합할 수 있는 6개의 아날로그 입력, 조명의 세기 등을 조절할 수 있는 14개의 디지털 I/O 핀, USB 연결포트, 리셋버튼 등을 가지고 있다. 간단하지만 다양한 환경 감지 및 컨트롤을 할 수 있는 모든 기능을 갖춘 것이 특징이다.

그림 | 아두이노(Arduino) 우노(Uno) 보드

아두이노가 이렇게 인기를 끌면서 이를 비즈니스에 활용하는 기업들도 늘어나고 있다. 장난감 회사 레고는 자사의 로봇 장난감과 아두이노를 활용한 로봇 교육 프로그램을 학생과 성인을 대상으로 북미 지역에서 운영하고 있다. 자동차회사 포드는 아두이노를 이용해 차량용 하드웨어와 소프트웨어를 만들어 차량과 상호작용을 할 수 있는 오픈XC라는 프로그램을 선보이기도 했다.

아두이노처럼 전 세계적으로 커뮤니티가 많이 형성되어 있는 라즈베리 파이(www.raspberrypi.org) 역시 강력한 컴퓨팅 기능을 바탕으로 로봇 제작에 많이 쓰이고 있다. 온보드 카메라, 와이파이 지원 등이 가능해 작은 방에서 움직이거나 상호 소통하는 로봇을 제작할 수 있다. 오디오 스트리밍 디바이스나 비디오 게임기 등을 만들 수도 있다. 일본의 신제품 개발 및 제조업체인 킬릭의 주도 아래 일본의 3D 프린터 서비스 사업자 JMC와 전자부품 전문 사업자인 스위치 사이언스(SWITCH SCIENCE), 플라스틱 제품 제조 사업자 미요시(MIYOSHI) 등이 협력해 개

발한 소형 로봇 키트 '라피로(PAPIRO)'도 라즈베리 파이를 활용한 로봇 키트 중 하나다. 라비로는 휴머노이드 소형 로봇키트인데 두 발로 걷고 펜을 잡아서 수직으로 움직이거나 머리, 허리를 돌리는 동작이 가능하다. 사용자의 음성이 반응하기도 한다. 모바일 기기로 제어할 수 있으며 집 내부를 살피는 가정용 보안 로봇으로 활용할 수 있다.

비글본 블랙(beagleboard.org/black)을 기반으로 만든 사례들도 재미있는 것들이 많다. 닌자블록스는 스마트폰과 호환되는 비글본 블랙 기반의 소형 홈 자동화 시스템이다. 온도, 동작 센서, 창문 및 도어 센서 등 다양한 센서와 액추에이터가 함께 사용가능하도록 고안되었다. 비글본 비어는 비글본 블랙과 서버 간의 연동을 통해 맥주의 온도를 주기적으로 측정하고 조절해서 맛있는 맥주가 만들어질 수 있도록 만들어졌다.

그림 | 오픈소스 하드웨어 사례

자료 | 오픈소스 하드웨어 동향과 기업적용 전략

아두이노와 라즈베리 파이 등의 오픈소스 하드웨어 플랫폼의 전 세계적인 보급은 오픈소스 하드웨어의 확산을 불러일으켰고 최근에는 앞서 소개했듯이 인텔, 마이크로소프트 등 대형 기업들까지 이런 오픈소스 하드웨어 시장에 뛰어들기 시작했다. 하드웨어 스타트업이라면 점점 더 커지는 전 세계 오픈소스 하드웨어 시장의 잠재력에 주목하고 적극적으로 활용할 필요가 있다.

한국의 ICT DIY

　디지털 생태계에서 개인은 그저 소비자에 그쳤다. 그러나 스마트폰의 대중화와 앱 생태계의 등장으로 이제 개인도 얼마든지 생산자가 될 수 있게 됐다. 이런 이유로 2010년대 들어서면서 각국 정부들이 앞 다투어 자국민들을 디지털화(Digitalize)할 수 있는 방법에 대해 고민하기 시작했다.

　영국은 이 분야에서 앞선 혜안을 가지고 발 빠르게 대응하고 있는 국가 중 하나다. 과거 산업혁명을 통해 인류 문명을 주도했던 경험을 바탕으로, 현실로 닥친 디지털혁명의 과도기에 다시 한 번 주도권을 잡으려 애쓰는 것이다. 영국 정부는 디지털 역량 배양을 전 학년에 의무교육화 함으로써 차세대 산업혁명을 준비하기 시작했다. 이에 따라 2014년 9월부터 전국 초등학교 정규

교과목에 코딩 수업이 포함됐다. 5살 때부터 간단한 프로그램을 제작하고 시험하는 것은 물론, 디지털 데이터를 검색하고 구성하는 방법을 배우게 되는 것이다. 그리고 11살부터는 실제 프로그래밍언어를 외국어 교육 같은 개념으로 배우게 된다. 이는 지난 2013년에 IT 강국인 에스토니아가 세계 최초로 공교육 코딩 과목 도입을 발표한 이후 세계에서 두 번째로 시행된 정책이며, G20 국가들 중에서는 최초다. 영국 정부는 지난 2013년을 '코드의 해(The Year of the Code)'로 선포하고, 2월부터 교육부를 통해 50만 파운드(한화 약 8억 8,000만 원)의 교사 교육 기금 출원을 발표했다. 교사들이 영국 교육법상 의무교육 대상자인 6~15세에 이르는 학생들에게 컴퓨터 소프트웨어 코딩을 가르칠 수 있도록 하기 위해서였다. 이 과정에서 왕립공학회(The Royal Academy of Engineering)와 구글, 마이크로소프트, IBM, 페이스북 등 IT 기관 및 소셜미디어 기업들과 공동출자 펀드를 조성하여 교사들을 양성했고, 그 결과 2014년 9월부터 영국 전역을 대상으로 공교육 필수 과정을 채택할 수 있었다.

영국 대학입시 관리기관 유카스(UCAS; Universities and Colleges Admissions Service)에 따르면, 이미 2014년 들어, 대학에 컴퓨터 엔지니어링 관련 학과가 47개나 신설되는 등 프로그래밍을 유망 커리어로 인식하는 사회적 공감대가 형성되고 있다. 더불어 영국의 실리콘밸리라 불리는 스타트업 밀집 지역 테크시티(Tech City)에서 만 지난 2013년 이후 2015년 6월까지 약 320개의 앱 개발(App developers) 기업들이 창업했다.

영국의 경우, 사교육 시장이 형성되어 있지 않고 코딩 교육은 공교육 과정으로만 한정되어 있음에도 이같이 코딩에 대한 사회와 시장의 반응이 뜨겁다. 스마트폰과 앱을 언제 어디서나 접할 수 있는 환경이 마련되면서 컴퓨터 엔지니어가 선호 직종으로 인기를 얻고 있다. 학부모들의 인식도 변하고 있다. 이들은 '코딩'을 좋은 일자리를 얻고 부자가 될 수 있는 기초적인 기술로 인식하기 시작했다. 영국의 학부모들은 아이들이 몇 시간 동안 비디오 게임을 하면 방치할 수 없지만, 코딩 공부를 한다면 밤을 새워도 좋다고 말한다.

그렇다면 한국은 어떨까?

우리나라의 경우, 미래창조과학부가 국민의 아이디어와 상상력으로 ICT를 구현하기 위해 '내가 만드는 ICT 활성화 추진계획(ICT DIY 프로젝트)'을 시행하고 있다. 오픈소스 소프트웨어와 하드웨어 플랫폼을 활용해 초보자도 자신의 아이디어로 다양한 유형의 제품과 서비스를 만들 수 있도록 지원하는 게 목표다.

미래부는 ICT DIY 창작문화 활성화를 위한 교육 지원, 홍보 활동, 로고 도입 등 다양한 정책을 추진한다. 'ICT DIY 창작 경진대회'를 열고 국내 오픈소스 커뮤니티 활동도 지원하고 있다. 초보자도 쉽게 이용할 수 있도록 하드웨어·소프트웨어 플랫폼 개발·가이드라인도 만든다. 국내에 싹트기 시작한 인디개발자 생태계를 확대하기 위해 2014년 7월 민간 비영리단체인 'ICT DIY 포럼'도 설립됐는데, 국내 관련 중소기업 및 대기업과 인디

개발자 커뮤니티, 전국대학생창업동아리연합회 등이 참여하는 ICT DIY 포럼도 미래창조과학부로부터 지원을 받아 인디개발자들의 창작 활동을 지원하고 프로그램 개발 교육을 한다. 아직 가야할 길이 멀지만 그래도 2018년부터 공교육에서 코딩교육이 기업가정신 교육과 더불어 의무화되는 것은 바람직한 혁신으로 평가된다.

해외는 오픈소스 기반 플랫폼이나 DIY 사용자 커뮤니티 활동, 크라우드펀딩 등 창작 생태계가 빠르게 확산되고 있다. 하지만 국내는 오픈소스 하드웨어와 소프트웨어에 대한 인식이 부족하다. 때문에 개발업체들의 참여, 커뮤니티 활동 등이 아직까지 저조하다. 있다하더라도 공급보다는 수요가 많다. 지식과 정보를 나누는 것을 손해라고 생각을 갖고 있는 사람이 많은 듯하다. 소유에서 공유로 전환되고 있는 4차 산업혁명의 패러다임을 아직 제대로 인식하지 못한 까닭일 것이다. 앞으로는 열린 생각을 가진 소스 공급자가 많아지고, 오픈소스 커뮤니티도 더욱 활성화되기를 바란다. 이를 위하여 대학 교육에서 메이커 활동을 평가하는 개혁이 절실하다.

물론 이를 위해서는 국민 누구나 아이디어를 구현할 수 있도록 펀딩, 제품화, 이익창출로 이어지는 선순환 구조와 성공사례 발굴도 함께 필요하다.

Section 2.
메타기술의 발전에 주목하라

- Chapter1 디지털 DIY와 공유경제
- Chapter2 DIY, 메타기술을 만나다
- Chapter3 3D 프린팅 생태계를 구축하라
- Chapter4 오픈소스 하드웨어를 적극 활용하라
- **Chapter5 빅데이터와 클라우드 컴퓨팅으로 새로운 가치를 도출해내라**
- Chapter6 하드웨어에 생명을 불어넣는 인공지능

Hardware
Startup

21세기의 원유 '빅데이터'

미국 국세청은 2011년 '통합형 탈세 및 사기 범죄 방지 시스템'을 구축했다. 대용량 데이터와 IT기술을 결합해 사기 방지 솔루션을 만든 것이다. 예측 모델링을 통해 납세자의 과거 행동 정보를 분석한 다음 사기 패턴과 유사한 행동을 검출했다. 그 뒤 페이스북이나 트위터를 통해 범죄자와 관련된 계좌, 주소, 전화번호, 납세자 간 연관관계 등을 분석해 고의 세금 체납자를 찾아냈다. 그 결과 연간 3,450억 달러에 이르는 세금 누락을 막아냈다. 이 놀라운 성과가 가능했던 이유는 '빅데이터(Big Data)'였다.

빅데이터란 일정 규모 이상의 크기와 다양성을 갖춘 데이터를 말하며 이를 수집, 처리, 분석하여 가치를 창출해 내는 것을 빅데이터 기술이라고 한다. 그런데 빅데이터를 '빅(Big)+데이터(Data)'식의 단순 합성어로 생각하고, '어마어마하게 많은 데이터'라는 식으로 받아들이면 본질적인 의미와 가치를 놓치게 된다. 기존의 기업 환경에서 사용되는 '정형화된 데이터'는 물론 메타정보와 센서 데이터, 공정 제어 데이터 등 미처 활용하지 못하고 있는 '반정형화된 데이터', 여기에 사진, 이미지처럼 지금까지 기업에서 활용하기 어려웠던 멀티미디어 데이터인 '비정형 데이터'를 모두 포함하는 것이 빅데이터다.

스마트 디바이스의 보편화, SNS 활성화 등으로 전대미문의 크기와 다양성을 가진 데이터 풀이 형성되기 시작했다. 그리고 이 데이터를 적절하게 처리하고 분석하면 미 국세청의 사례처럼 예전에는 생각도 못했던 일들도 가능하다. 이 때문에 오늘날 정보통신 분야에서의 화두는 단연 빅데이터이다.

미국의 시장조사기관인 가트너는 '더 나은 의사 결정, 시사점 발견 및 프로세스 최적화를 위해 사용되는 새로운 형태의 정보처리가 필요한 대용량, 초고속, 다양성을 가진 정보 자산'이라고 정의하고 있다. 또 다른 시장조사기관 IDC는 빅데이터를 '다양한 형태로 구성된 방대한 크기의 데이터로부터 경제적으로 필요한 가치를 추출할 수 있도록 디자인된 차세대 기술'이라고 정의하고 있다.

정리해보면, 빅데이터는 단순히 대용량 데이터 그 자체만을 지칭하는 것이 아니라 그 데이터를 효과적으로 처리하고 분석할 수 있는 기술에 더 초점을 둔 용어라고 할 수 있다. 기업의 관점에서는 '가치를 생성할 수 있는 데이터'를 빅데이터라고 해석해도 무리가 없을 것이다.

표 | 해외 주요 기관의 빅데이터 정의

기관	빅데이터 정의
Gartner	더 나은 의사결정, 시사점 발견 및 프로세스 최적화를 위해 사용되는 새로운 형태의 정보처리가 필요한 대용량, 초고속 및 다양성의 특성을 가진 정보 자산
McKinsey	일반적인 데이터베이스 소프트웨어 도구가 수집, 저장, 관리, 분석하기 어려운 대규모의 데이터
IDC	빅데이터 기술을 초고속 수집, 발견, 분석이 가능하여 매우 다양한 종류의 대규모 데이터로부터 경제적으로 가치를 추출할 수 있도록 고안된 차세대 기술 및 아키텍처로 정의

여기에서 주목할 점은 가트너가 빅데이터의 주된 특징으로 크기, 다양성, 속도 등을 꼽았다는 것이다.

그림 | 데이터의 3가지 특징과 가치 창출

여기에서 크기(Volume)는 데이터의 물리적 크기를 말하는 것으로 기업 데이터, 웹 데이터, 센서 데이터 등 페타바이트(PB)

규모로 확장된 데이터를 말한다. 다양성(Variety)은 데이터의 형태를 말한다. 기존 기업 데이터 환경에서 사용하는 관계형 데이터베이스(RDB)에 저장된 데이터인지, 웹 로그(Web log: 웹 서버에 남은 사용자 데이터)나 기기 데이터와 같은 데이터인지, 비디오나 이미지 같은 비정형 데이터인지 등 데이터의 형태에 따라 그 종류가 나뉜다. 마지막으로 빅데이터의 중요한 특징으로도 꼽히는 '속도(Velocity)'는 곧 데이터 처리 능력을 말한다. 데이터를 수집·가공·분석하는 일련의 과정을 실시간 또는 일정 주기에 맞춰 처리할 수 있어야 한다.

전문가들은 "데이터는 미래 경쟁력을 좌우하는 21세기 원유"라며 "기업들은 다가오는 데이터 경제시대를 이해하고 이에 대비해야 한다"라고 강조한다. 기름이 없으면 기기가 작동하지 않듯, 빅데이터 없이 정보시대를 보낼 수 없다는 의미에서다. 결국 21세기 기업에게 가장 중요한 자산은 '데이터'이며 이를 관리하고 여기서 가치를 이끌어내지 못하면 경쟁에서 살아남을 수 없을 것이라는 뜻이기도 하다.

글로벌 클라우드 서비스 기업들

클라우드 서비스를 제공하는 대표적인 기업은 구글, 아마존 등이다. 아마존과 구글은 빅데이터 원천 기술을 선도적으로 개발한 기업으로 그 과정에서 자연스럽게 클라우드 서비스를 외부에 제공하게 되었다.

구글은 인터넷 검색 서비스가 핵심인 기업이기 때문에 검색 서비스의 성능 개선과 이를 위한 데이터 센터의 설비 증강이 가장 중요한 사안이다. 예를 들어 구글의 개인 클라우드 서비스인 구글 앱스는 이메일 기능(Gmail)과 문서도구(Google Docs), 데이터 연산 기능(Google Spreadsheet)을 제공하고 있다. 이러한 서비스는 저장용량과 처리 성능을 지속적으로 늘려야 하기 때문에 세계 각지에 데이터센터를 계속해서 건설해야 한다. 그래서 구글의 데이터센터는 오픈소스 소프트웨어를 사용하고 서버도 직접 만들어 저비용 설비 구축을 한다. 설비 장소도 벽지나 한랭지를 선택한다. 예를 들어 벨기에에 있는 데이터센터는 야외 컨테이너 박스에 서버를 설치되어 있다. 이렇게 구축한 거대 인프라 일부가 클라우드 서비스로 제공되고 있는 것이다. 구글은 또 빅데이터 분석 소프트웨어인 빅쿼리(Big Query) 소프트웨어도 제공하고 있다. 클라우드 서비스는 구글의 사업 진출 분야에도 영향을 주었다. 데이터센터는 안정적인 전력공급과 효율적 운영이 필수적이므로 구글은 전력관리와 발전소 사업에까지 진출했다.

한편 인터넷 서점에서 출발해 서적 검색과 추천 기능을 통해 성장한 아마존은 서적뿐 아니라 방대한 상품 정보까지 저장하려는 의도로 대량의 서버와 데이터베이스를 구축했다. 그런데 이러한 설비는 최대치를 기준으로 설계되므로 평소에는 다른 기업에게 서비스로 제공할 수 있게 되었다.

IT 시대의 인프라 '클라우드'

21세기 원유인 빅데이터와 뗄 수 없는 관계에 놓인 것이 클라우드이다.

클라우드(Cloud)는 컴퓨팅 서비스 사업자 서버를 구름(Cloud) 모양으로 표시하는 관행에 따라 '서비스 사업자의 서버'로 통한다. 그런데 불과 10년 전만 해도 이 클라우드라는 용어는 매우 생소했다. 기업들과 관공서는 모두 서버실을 갖추고 전문 인력을 고용하여 서버를 운용했다. 서버 자체의 가격도 비쌌지만 서비스를 위한 환경 구성비용과 운용을 위한 인건비가 더 큰 부담이었다. 하지만 이런 문제를 단숨에 해결해 주는 혁신적인 '구름'이 등장한 것이다.

이 혁신적인 구름, 클라우드는 엄밀히 말해 '클라우드 컴퓨팅'과 '클라우드 서비스'로 구분된다. 그렇다면 둘은 어떻게 다를까?

미래학자 니콜라스 카(Nicholas Carr)의 정의에 따르면 클라우드 컴퓨팅은 IT 자원을 구매하거나 소유할 필요 없이 필요한 만큼 사용료를 주고 쓰는 서비스를 말한다. 중앙 집중화된 대형 데이터센터에서 서비스를 받고 소프트웨어나 프로그램을 인터넷을 통해 자유롭게 빌려 쓰는 방식이다. 즉 소프트웨어와 데이터를 인터넷과 연결된 중앙 컴퓨터에 저장해서 인터넷에 접속하기만 하면 언제 어디서든 이용할 수 있도록 하는 것이다. 클라우드 컴퓨팅은 스토리지, 분석 툴 등의 IT자원을 '소유' 방식에서 '임대' 방식으로 바꾸며 비용과 업무의 시공간 제약을 없애준다.

클라우드 서비스는 인터넷 상 어딘가에 존재하는 하드웨어와 소프트웨어 컴퓨팅 자원을 필요한 만큼, 필요한 형태로 빌려쓰고 이에 대한 사용 요금을 지급하는 형태의 '서비스'를 의미한다. 클라우드 서비스의 정확한 시작시점은 알 수 없지만 2000년대 후반 가상화 솔루션이 대중화 되던 시기에 폭발적으로 증가한 것으로 보인다. 2006년 구글 직원인 크리스토프 비시글리아(Christophe Bisciglia)가 유휴 컴퓨팅 자원을 묶어서 활용 하는 방법에 대해 최초로 고안했다고도 알려져 있지만, 그 이전부터 여러 컴퓨터들을 연결하여 가상의 슈퍼컴퓨터를 만드는 그리드(Grid) 기술이나 웹 호스팅과 같은 네트워크상에서 컴퓨팅 자원을 임대해주는 사업은 이루어지고 있었다. 대표적으로 네이버 N드라이브와 드롭박스(Dropbox) 등이다.

경우에 따라 두 가지가 혼용되어 사용되기도 하지만 클라우드 컴퓨팅은 기술을, 클라우드 서비스는 이를 통해서 구현되는 서비스를 가리킨다.

그림 | 클라우드 컴퓨팅 서비스 개념도

자료 | 국립과학관

초기 형태의 클라우드 서비스인 '지메일(Gmail)'이나 '드롭박스(Dropbox)', '네이버 클라우드'는 소프트웨어를 웹에서 쓸 수 있는 SaaS(Software as a Service)가 대부분이었다. 그러다가 서버와 스토리지, 네트워크 장비 등의 IT 인프라 장비를 빌려주는 IaaS(Infrastracture as a Service), 플랫폼을 빌려주는 PaaS(Platform as a Service)로 늘어났다.

클라우드 서비스는 어떤 자원을 제공하느냐에 따라 이처럼 크게 3가지로 나뉜다.

그림 | 클라우드 서비스 모델 비교

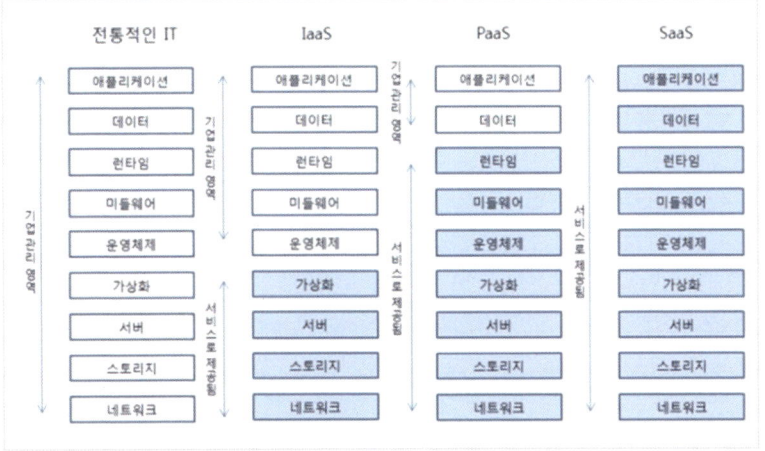

자료 | Microsoft, 교보증권 리서치센터

클라우드 컴퓨팅과 서비스가 발달하면서 개인용 컴퓨터 사용자는 편리함을 얻었고 비용을 줄였다. 개인용 컴퓨터에는 필요에 따라 구매한 소프트웨어가 설치되어 있고 동영상과 문서와 같은 데이터도 저장되어 있다. 문서를 작성하려면 자신의 컴퓨터에 저장되어 있는 워드 프로그램을 구동시켜야 한다. 그러나 클라우드 컴퓨팅은 프로그램과 문서를 다른 곳에 저장해 놓고 내 컴퓨터로 그곳에 인터넷을 통해 접속해서 이용하는 방식이니 필요한 소프트웨어를 내 컴퓨터에 설치할 필요도 없고, 또 주기적으로 업데이트 하지 않아도 된다. 한때 TV 광고에 나온 것처럼 회사 컴퓨터에서 작업을 하던 문서를 따로 저장해서 집으로 가져갈 필요도 없다. 또 자신의 컴퓨터가 고장을 일으켜도 데이

터가 손상될 염려도 없다. 필요한 만큼 쓰고 비용을 지불하면 되므로 사용 빈도가 낮은 소프트웨어를 비싸게 구입할 필요도 없으며, 터무니없이 큰 저장장치를 갖추지 않아도 된다.

기업과 관공서는 더 말할 것도 없다. 훨씬 많은 비용을 절감했을 뿐 아니라 연구 개발 시스템에 큰 변화를 맞았다. 기존에는 각 기업과 기관에 필요한 시스템을 구축하기 위해서 값비싼 하드웨어와 애플리케이션을 사서 커스터마이징(Customizing)하는 시스템을 구축하고, 운영하느라 썼던 시간과 비용이 대폭 줄어든 것이다.

그렇다면 이제 빅데이터와 클라우드의 관계에 대해서 이야기해 보자.

클라우드가 2000년대에 들어 이렇게 주목받게 된 것은 빅데이터 때문이다. 빅데이터를 처리하기 위해서는 다수의 서버를 통한 분산처리가 필수적인데 분산처리는 클라우드의 핵심 기술이다. 빅데이터를 보관하고 처리·분석하는데 있어서, 그 규모가 크면 클수록 가치 창출에 유리하다. 또 관련 비용도 획기적으로 줄일 수 있기 때문에 효율적인 빅데이터의 보관, 처리, 분석을 위해서는 클라우드 컴퓨팅을 활용하는 것이 상당히 유리하다. 클라우드는 단순히 데이터가 머무는 곳이 아니라 분석과 처리 기술을 통해서 가치를 가진 데이터로 거듭나는 공간이라고 할 수 있다.

스마트폰의 폭발적인 증가로 인해 모든 서비스가 앱 형태로 바뀐 지금 거의 모든 서비스는 클라우드에 존재한다. 페이스북이나 카카오톡과 같이 실시간으로 엄청난 데이터가 생성되는 SNS의 모바일 네트워크조차도 지금은 클라우드와 연결되어 있다.

그러므로 서버 제조사들의 주 고객은 일반 기업에서 클라우드 사업자로 바뀌었다. 기업은 이제 서버를 구매하기보다는 클라우드 서비스 회사와 계약을 맺고 자신들의 IT 자원을 클라우드에 구축한다. 대표적인 클라우드 서비스사업자인 아마존 웹서비스(AWS) 클라우드는 2012년 약 50만대의 서버를 보유했으나, 2015년에는 글로벌 서비스 확장을 위해 약 200만 대 이상의 서버를 운영하는 것으로 알려졌다. 기업들은 자체 서버 운용 비용 대비 훨씬 저렴한 클라우드를 선호하고 있고 앞으로도 자사의 IT자원을 클라우드로 이동시키는 현상은 계속 진행될 것이다. 일례로, 2015년 기준으로 50여 개국에서 6,900만 명의 사용자를 거느리는 거대한 미디어 콘텐츠 기업 넷플릭스(Netflix)가 자신들의 데이터 센터를 모두 닫고 IT 자원을 아마존 웹서비스로 옮겼다. 데이터 센터 구축과 운용에 드는 비용과 자체 클라우드 안정성을 유지하는데 드는 비용, 그리고 지속적으로 증가하는 글로벌 트래픽을 고려한 결정이었던 셈이다.

예측하고, 맞춤으로 서비스하다

빅데이터와 클라우드는 우리의 생활을 어떻게 바꾸고 있을까?

다양한 방법으로 수집된 데이터는 광대역 네트워크를 통해 클라우드에 전송 후 저장되고, 저장된 데이터는 표준화된 처리, 분석 툴을 통해 가치를 가진 빅데이터로 거듭난다. 이렇게 생성된 빅데이터는 크게 두 가지 목적으로 활용 가능한데 첫 번째가 예측을 위한 활용이고 두 번째가 맞춤을 위한 활용이다.

그림 | 클라우드 기반의 데이터 가치 창출 구조도

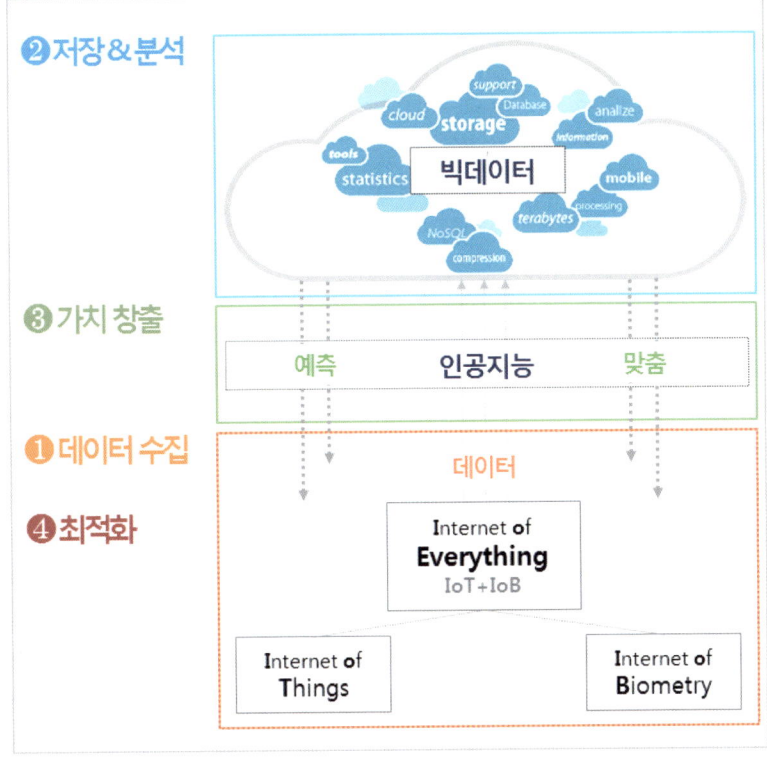

요즘 페이스북을 열면 '알 수도 있는 사람'을 추천하기도 하고, 인터넷 쇼핑몰에 가면 추천 상품이 뜬다. 모두 빅데이터와 클라우드 서비스가 만들어낸 예측과 맞춤 서비스의 결과다. 빅데이터와 클라우드가 만나면 기존에는 불가능했던 서비스들을 설계할 수 있고 기업들은 차별화된 역량을 구축할 수가 있다. 유통, 서비스, 제조, 홈케어, 가전, 교통 등 다양한 분야에 적용되어 기존 산업의 비효율성을 혁명적으로 개선할 수 있다.

빅데이터 및 클라우드를 통한 예측과 맞춤 서비스

- 아마존 닷컴: 고객이 구입한 상품 정보를 분석해 구매 예상 상품을 추천하고 각 개인에게 맞는 쿠폰을 제공한다. 회사 매출의 약 35%가 빅데이터 기반 추천 시스템을 통해 발생한다. 그래서 매년 이익의 10%를 추천 시스템 성능 향상에 투자하고 있다.
- 월마트: 월마트 랩(Walmart Labs)을 통해 소셜미디어에서 데이터를 수집하고 이를 분석해 소비자들의 심리와 행동 양식을 파악한 다음 상품 구성에 반영하고 재고관리를 최적화하는 데 활용하고 있다.
- 인릭스(Inrix): 대중의 스마트폰, 내비게이션, GPS 등 다양한 스마트 디바이스로부터 클라우드 소싱 방식으로 실시간 교통 정보 등을 수집한다. 그리고 이것을 분석하여 운전자가 목적지에 가장 신속하게 도착할 수 있도록 지원하는 서비스를 제공한다.
- 네스트(Nest): 구글 산하의 스마트홈 업체인 네스트의 대표적 상품인 서모스탯(Thermostat)이라는 학습형 자동 온도 조절기는 사용자의 냉난방 습관 등의 퍼스널 데이터와 일기 예보 등의 공공 데이터를 조합해 맞춤형 실내 온도를 제공한다.
- 애플(Apple): 애플의 헬스 키트는 당뇨병이나 고혈압 등의 만성질환자를 의사가 24시간 모니터링 할 수 있게 한다. 다양한 방법으로 수집된 건강 데이터를 분석해 문제가 발생할 가능성이 높아지면 제휴관계에 있는 병원 및 의료 기기를 제시해 준다.

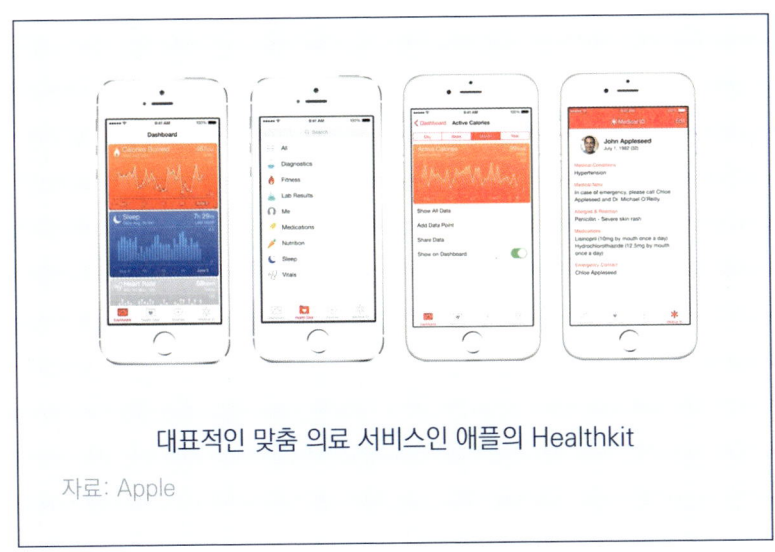

대표적인 맞춤 의료 서비스인 애플의 Healthkit

자료: Apple

클라우드 서비스는 하드웨어 스타트업을 촉진하는 중요한 요소다. 모든 하드웨어 창업자들이 별도의 투자 없이 인프라 활용이 가능하기 때문이다. 클라우드 서비스는 향후 오픈된 공공 데이터 등을 활용한 인공지능 공유, 영상 인식 기술 공유 하드웨어 산업에 큰 부가가치를 줄 수 있을 것으로 예상되므로 적극적으로 활용 방안을 모색할 필요가 있다.

Section 2.
메타기술의 발전에 주목하라

Chapter1 디지털 DIY와 공유경제
Chapter2 DIY, 메타기술을 만나다
Chapter3 3D 프린팅 생태계를 구축하라
Chapter4 오픈소스 하드웨어를 적극 활용하라
Chapter5 빅데이터와 클라우드 컴퓨팅으로 새로운 가치를 도출해내다
Chapter6 하드웨어에 생명을 불어넣는 인공지능

Hardware
Startup

알파고(AlphaGo)와 인공지능에 대한 공포

　인간과 기계의 대결, 혹은 세기의 대결이라 불렸던 알파고(AlphaGo)[7]와 이세돌 9단의 대국을 기억하는가? 2016년 3월 9일부터 15일까지, 하루 한 차례씩 5회에 걸쳐 진행된 이 바둑 대결은 전 세계인의 관심사였다. 최종 결과는 4승 1패, 알파고의 승리였다. 바둑이라는 고도의 전략 게임에서는 결코 인간이 지지 않을 것이라는 예상을 깨고 이세돌이 패배하자 사람들은 놀라움을 금치 못했다. 인류는 1997년 IBM 슈퍼컴퓨터 딥블루가 체스 챔피언 개리 카스파로프를 이겼을 때 보다 훨씬 더 큰 충격에 빠졌다.

---

7) 구글 딥마인드가 개발한 인공지능 바둑 프로그램으로, '알파고(AlphaGo)'라는 이름은 구글의 지주회사 이름인 알파벳과 그리스 문자의 첫 글자이며 최고를 뜻하는 '알파α'의 의미와 일본어의 '碁바둑'의 발음을 따서 만들어졌다.

알파고가 기존바둑 프로그램과 다른 점은 딥러닝을 활용하여 바둑 기사들의 패턴을 학습했다는 것에 있다. 19×19 픽셀을 갖는 이미지로 바둑 기보를 입력받아 16만 개의 바둑 기사의 기보를 5주 만에 학습했다. 일반적인 프로기사가 1년에 1,000번 정도 대국한다고 가정을 했을 때 사람이 1,000년 동안 학습해야 할 데이터를 단 5주 만에 학습한 것이다. 알파고의 승리라는 결과는 인공지능에 대한 큰 관심을 불러일으켰고, 막연한 두려움까지도 가져왔다.

인공지능이 인간을 이긴 첫 번째 사례가 아님에도 불구하고 파장이 컸던 이유는 최근에 나온 다양한 예측 자료들 때문일 것이다.

2016년 다보스 포럼에서는 "710만 개의 일자리가 선진국에서 사라질 것이다"라는 전망과 예측을 내놓았다.

> "올해 초등학교에 입학하는 전 세계 7세 어린이의 65%는 지금 존재하지 않는 직업을 갖게 될 것이다."

옥스퍼드 대학은 미국 일자리의 47%가 20년 내에 사라질 것이라고 예측했다(Frey & Osborne, 2013). 2040년과 50년 사이에는 자의식을 가진 강한 인공지능이 등장할 것이라는 옥스퍼드 닉 보스트롬의 연구까지 고려하면, 인간이 인공지능에 의해 대체되고 밀려나게 될 것이라는 '인공지능에 대한 공포'는 어쩌면 당연하게 느껴진다. 그러나 그것은 기우에 지나지 않는다.

그림 | 향후 10년 내 로봇이 대체할 직업

자료 | 중앙일보(2016.01.20)

모라벡의 역설(Moravec's Paradox)이라는 것이 있다. 로봇 과학자인 미국 카네기멜론대학교 한스 모라벡이 제기한 것인데, '인간에게 쉬운 것은 로봇에 어렵고 인간에게 어려운 것은 로봇에게 쉽다'는 것이다. 예를 들면 사람이 고양이를 인지하는 일은 쉽지만, 체스나 바둑을 두는 건 어렵다. 반면 인공지능이 체스나 바둑을 두는 건 쉽지만 고양이를 인지하는 것은 어렵다는 말이다. 인간에게 매우 간단한 걷는 일이 인공지능에게는 매우 어려운 과제라니, 이해가 잘 되지 않을 수도 있다. 그렇다면 어떻게 그런 모순이 생기는 걸까?

모라벡은 그 이유를 '계산량'에서 찾는다. 고도의 추상적, 논리적 작업을 수행하는 데는 의외로 계산량이 그리 많지 않다. 그러나 운동 능력이나 감각 능력처럼 동물적 본능에 가까운 능력일수록 구현하려면 엄청난 양의 계산이 필요하다. 그렇다면 여기서 드는 또 한 가지 의문이 있다. 인간은 엄청난 양의 계산이 필요한 걷기를 어쩌면 이렇게 간단히 수행하고 있는 걸까?

모라벡은 오랜 진화 과정을 통해 최적의 상태로 다듬어진 것이라고 설명한다.

모라벡의 역설에 대해 언급하는 이유는, 인공지능과 사람은 상호배척이 아니라 상호협력 관계가 될 수 있다는 것을 시사하고 있기 때문이다. 2015년 매킨지가 800개 직업의 2,000가지 작업을 분석해 45% 정도만 인공지능으로 대체가 가능할 것이라는 보고서를 냈다. 인간과 인공지능의 협업사회를 예상하고 있는 것이다. 그러므로 인공지능을 두려워할 필요가 없다. 인공지능은 인간의 적이 아니라 공존의 대상인 셈이다. 인류가 원하는 가장 이상적인 삶을 설계하고 이를 현실화하기 위해, AI와 어떻게 공존할 것인지를 고민해야 할 때다.

AI와 인류의 공존

SF 영화 '아이언 맨'의 주인공 토니 스타크가 그처럼 강력한 힘을 발휘하는 이유는 강철 슈트가 아니다. 어떤 때에는 토니 스타크의 머리가 되어주고, 또 어떤 때는 기꺼이 손과 발이 되어주는 인공지능 시스템 '자비스' 덕분이다. 자비스는 토니의 상태와 주변 환경을 실시간으로 분석해 그가 현재 어떤 위험에 처해있고, 어떻게 해야 위험에서 벗어날 수 있는지를 대화하듯 알려준다. 또 집안의 컴퓨터는 물론 통신, 조명 등 모든 가전을 작동시키고 관리한다.

인공지능이란 인간의 인지능력, 학습능력, 이해 능력, 추론 능력 등을 실현하는 기술을 의미한다. 기존의 컴퓨터는 사전에 정해진 명령에 따라 계산을 빠르게 진행하는 수준이었다면 최근의 인공지능 기술은 외부 환경을 인식하고 스스로 학습 및 판단까지 한다.

최고의 비서이자 친구인 자비스와의 동거, 생각만 해도 멋지지 않은가?

페이스북 최고경영자 마크 저커버그 역시 그런 일상을 꿈꾸고 있다. 2016년 새해 목표로 집안에서의 생활과 자신의 업무를 도와줄 간단한 AI를 만들어보는 것이라면서 "아이언맨에 나오는 자비스 같은 것이라고 생각하면 된다"고 선언했었다. 그는 인공지능이 자신의 목소리를 인식해서 집안의 모든 것을 통제할 수 있도록 할 것이며 음악, 조명, 온도 조절은 물론 친구들이 벨을 누르면 얼굴을 인식해서 문을 열어주도록 하겠다고 했다.

상상 속에서 현실로 '자비스'를 소환 하고자 하는 건 마크 저커버그 뿐만 아니다. 여러 선진국과 주요 글로벌 기업들은 IT분야의 차세대 유망 기술로 인공지능을 주목하고 있으며 이미 다양한 영역에서 상용화를 시도하고 있다.

인터넷의 검색엔진에도 벌써 인공지능이 활용되고 있다. 웹사이트 내에 사용되고 있는 키워드로 그 사이트의 특징을 인식하고 학습한다. 그 결과, 품질 낮은 콘텐츠나 유해 콘텐츠를 구분하여 배제함으로써 검색엔진 전체가 최적화되고, 유저가 보다 편리하게 필요한 정보를 찾을 수 있도록 해준다.

자동차 분야에서는 능동적으로 속도를 높이거나 낮추고, 앞차의 속도를 감지해 간격을 자동으로 조절하는 '스마트 크루즈

콘트롤'이 이미 상용화되었고, 자율주행 자동차가 기술적으로 완성 단계에 이르렀다. 미국의 GPU 제조사인 엔비디아(NVIDIA)는 이미 자동운전 개발 플랫폼을 발표했고, 구글은 최근 비밀 연구 프로젝트팀 '구글X'에 있던 자율주행차 부문을 '웨이모'라는 법인으로 분사[8]시켰다.

딥러닝 기술과 이미지 인식 기능을 조합하여 구급차와 배송 트럭 같은 차종을 구분하거나 주차중인 자동차의 출발 여부를 구분하는 등 마치 사람이 눈으로 보고 판단하듯 할 수 있다.

의료 분야에서 인공지능의 활약도 큰 기대를 모으고 있다. 만약 의학 잡지나 최신 논문 데이터, 임상 의료 데이터를 불러들이고 수십만 건에 달하는 의학적 근거를 학습한 인공지능을 실현할 수 있다면 경험이 풍부한 숙련된 의사보다 정확한 진단을 내릴 수 있게 될 것이다. 실제로 암 진단 서비스에 IBM의 인공지능인 왓슨을 도입한 미국 앤더슨 암센터의 평균 암 진단율은 약 96%로, 전문의보다 높은 정확도를 보인다고 발표하기도 했다.

우리나라도 가천의대 길병원이 왓슨을 도입했다. 길병원은 2016년 9월 의사들이 암 환자들에 데이터에 근거한 개별화된 치료 옵션을 제공할 수 있도록 지원하겠다고 밝혔다. 그 첫 단계로 왓슨을 유방암, 폐암, 대장암, 직장암 및 위암 치료에 도입해

---

8) 파이낸셜뉴스(2016.12.19) 존 크래프치크 웨이모 최고경영자(CEO)는 "웨이모 출범은 곧 우리의 자율주행차 기술이 성숙했다는 신호"라며 "이미 200만 마일에 달하는 주행시험을 마쳤으며, 한 시각장애인을 운전대와 브레이크 페달이 없는 완전자율주행차에 태우고 텍사스 오스틴에서 안전 주행에 성공한 것도 이를 방증한다"고 밝혔다.

활용하기로 하고 IBM과 함께 한국 의료 가이드라인 및 언어에 맞춘 현지화 작업을 진행하고 향후 고혈압, 당뇨, 난치성 신경질환 등의 영역으로도 왓슨 활용을 확대할 계획을 밝혔다.

공상과학영화를 보면 찾기 힘든 직업 중 하나가 의사이다. 영화 '스타워즈'를 떠올려 보자. 아나킨 스카이워커를 수술을 통해 다스베이더로 만든 것은 기계였다. 영화 '스타트렉'에서도 몸에 가까이 대기만 하면 건강 상태를 알 수 있는 트라이코더가 의사 역할을 하고 있다. 영화 '바이센테니얼맨'은 한 걸음 더 나아가서 주인공이 간호사 로봇과 함께 임종을 맞이한다. 영화 같은 현실이 바로 눈앞에 펼쳐지는 건 아닐까 싶겠지만 그렇다고 당장 의사라는 직업이 사라질 것 같지는 않다. 옥스퍼드 마틴스쿨의 칼 베네딕트 프레이 교수와 마이클 오스본(Michael A. Osborne) 교수는 "자동화와 기술 발전으로 20년 이내 현재 직업의 47%가 사라질 가능성이 크다"[9]고 언급하면서 가까운 미래에 사라질 직업에 대해 순위를 매긴 적이 있다. 내과, 외과의사는 하위 15위를 기록했는데, 이는 꽤 시간이 지나도 의사라는 직업이 필요하다는 의미이다.

IBM 왓슨이 의사를 대신해 진단을 내리고 수술 로봇이 수술을 하고, 약의 조제 역시 기계가 할지라도 병원에 의사와 간호사가 모두 사라지고 기계만 있는 모습을 상상하기는 쉽지 않다. 의료에서 정보통신 기술은 인공지능과 연결된다. 복잡한 인간을

---

9) 2013년에 발표한 '고용의 미래: 우리의 직업은 컴퓨터화에 얼마나 민감한가'라는 보고서 인용

대상으로 의료행위를 하는 것은 지금도 강도 높은 훈련을 받고 다양한 임상경험을 쌓아야 가능하다. 뛰어난 인공지능 의사가 있다면 그는 사람 의사를 대신하는 것이 아니라 하나의 능력 있는 파트너로서 여겨질 가능성이 크다. 인공지능 의사가 모든 것을 다 알기 위해서는 그 이전에 생명의 신비가 모두 밝혀져야 할 것이다.

일반인이 피부로 느낄 수 있는 인공지능의 활용 분야는 아마 유통분야가 될 것이다. 롯데그룹은 2017년부터 IBM의 AI 솔루션 '왓슨'을 도입해 백화점, 마트, 편의점, 면세점 등 다양한 경로에서 수집되는 고객 데이터를 활용해 대고객 서비스를 극대화하겠다고 밝혔다.

'지능형 쇼핑 어드바이저'를 도입해 이용자가 앱 내 '챗봇'에 상품 추천을 요청하면 왓슨이 롯데그룹이 가진 고객 정보와 SNS, 뉴스 등 외부 정보를 결합해 최적화된 선물을 안내해주고 해당 상품을 판매하는 가까운 매장 위치나 교통편까지 알려줄 예정이라고 한다.

우리가 원하던 원치 않던, 인식하고 있는 인식하지 못하고 있든 AI와의 공존이 이미 시작된 것이다.

AI와 인지컴퓨팅(Cognitive Computing)

2016년 1월, 미국 조지아 공대의 애쇽 고엘(Ashok Goel) 교수가 인공지능 과정을 온라인으로 개설하면서 조교를 뽑았다. 조교의 이름은 질 왓슨(Jill Watson)! 왓슨은 학생들이 질문하는 강의 주제나 성적에 일일이 답을 해주었고 때로는 학생들에게 강의와 관련한 질문을 던지기도 했다. 그런데 사실 왓슨은 사람이 아닌 인공지능이었다. 이름에서 벌써 눈치 챈 사람도 있겠지만 IBM의 인지컴퓨팅 플랫폼인 왓슨(Watson)을 활용한 것이다. 하지만 학생들은 질 왓슨이 인공지능이라는 걸 끝까지 알지 못했다. 더 놀라운 것은 왓슨이 학생들과의 대화에서 97% 이상의 정확도를 보였고, 학습할수록 대답의 정확도가 높아졌다는 사실이다. 스스로 학습하여 진화하는 인공지능, 이런 놀라운 결과가 가능한 것은 바로 인지컴퓨팅 덕분이다.

　인지컴퓨팅은 방대하게 수집된 데이터 속에서 특정 데이터를 식별해 내는 기술이다. 이때 분석 대상은 주로 사람의 음성이나 행동이 된다. 쉽게 말하면 사람과 컴퓨터 사이의 의사소통을 돕고 비정형 데이터 처리와 기계학습이 가능한 기술이다.

　인공지능의 하드웨어적 기반이 마련된 것은 1980년대 이후 컴퓨터가 소형화, 고속화, 대용량화 되면서부터였다. 그리고 소프트웨어적인 발전은 네트워크 기술 진화에 따른 모바일화, 빅데이터 컴퓨팅 환경이 조성되면서 부터이다. 특히 빅데이터 컴퓨팅과 클라우드 서비스는 인지컴퓨팅 분야에 엄청난 발전을 가져왔다.

　인지컴퓨팅의 핵심 기술은 '딥러닝'인데 이것을 수행하기 위해서는 빅데이터 컴퓨팅과 클라우드 서비스가 필수적이기 때문이다. 딥러닝은 기계가 인간의 명령 없이도 자율적으로 상황을 인지하고 적절한 작업을 수행하고, 서비스도 제공하기 위해서 꼭 필요한 기술이다. 이세돌과 대국을 치렀던 알파고 역시 이 딥러닝을 기반으로 하고 있다.

　딥러닝에 대해서 조금 더 설명하자면, 모라벡의 패러독스에서 설명하듯 컴퓨터는 사람처럼 사진만으로는 개와 고양이를 구분하지 못한다. 그래서 '기계학습(Machine Learning)'이라는 방법이 고안됐다. 대량의 데이터를 컴퓨터에 입력하고 비슷한 것끼리 분류 하도록 하는 것이다. 컴퓨터에 개의 사진을 입력하면 이미 저장된 개의 사진 중 비슷한 것을 찾아 개의 사진으로 분류하도록 하는 방법이다. 최근 딥러닝의 기술은 미리 학습된 결과를 바탕으로 고양이 사진을 구분하지 않고, 배움의 과정 없이도 "이 사진이 고양이군"이라고 컴퓨터가 스스로 학습하는 단계에 와 있다. 전문적인 용어로 '비지도 학습'이라고 불리는 이것은 매우 진보한 기술이며, 높은 연산 능력이 요구된다. 구글이 현재 유튜브에 등록된 고양이 동영상을 식별하는 딥러닝 기술을 비지도 학습 방식으로 개발한 상태이다. 구글은 음성인식과 번역을 비롯해 로봇의 인공지능 시스템 개발에도 딥러닝 기술을 도입하고 있다. 페이스북도 뉴스피드와 이미지 인식 분야에 딥러닝을 적용하고 있다.

그렇다면 딥러닝과 인지컴퓨팅이 도입된 인공지능은 구체적으로 무엇을 할 수 있을까?

질 왓슨 조교의 사례에서 알 수 있듯이 왓슨은 인간의 말을 이해하고 답하는 인공지능 시스템이다. 사람의 뇌처럼 기억력, 공간지각력, 판단력, 집행기능, 언어능력 등을 가지고 있다. 2011년 TV 퀴즈쇼 저파디(Jeopardy!)에서 인간 우승자를 제압해 존재감을 드러내기도 했는데,[10] 이제는 다양한 분야에서 활약하고 있다. 먼저 은행이나 보험회사 콜센터에 도입되어 음성을 인식하고 대화 내용 기록하는 것 외에, 고객의 음성을 실시간으로 해석하고 고객의 과제를 찾아 답변에 도움이 되는 정보를 오퍼레이터 앞에 표시해준다. 항공기 제조업체인 에어버스에서는

---

10) 이 당시 왓슨은 딥러닝 기술이 도입되기 전 인공지능이다.

생산 현장에서 항공기 한 대를 만드는데 필요한 3억 개의 부품 하나하나가 현재 어느 정도 마모되었고 교체 주기는 얼마나 남아있는지 파악해서 미리 정비하도록 한다.

그림 | 소프트뱅크의 로봇 페퍼

자료 | 소프트뱅크

일본 소프트뱅크사가 2015년 출시한 로봇 페퍼[11]는 감정엔진이라고 불리는 인공지능을 탑재해 유저의 슬픔에 공감하거나 기쁨을 나눌 수 있다. 사람의 감정을 인지하고, 그에 맞는 말과 행동을 할 수 있어 '감정 로봇'이라고도 불린다. 페퍼는 카메라와 마이크, 여러 센서들을 종합해 상대방의 얼굴 표정과 음성, 제스처의 정보를 분석해 사람의 감정을 파악할 수 있다. 또한 최

---

11) 소프트뱅크가 2013년 인수한 프랑스 휴머노이드 개발업체 알데바란 로보틱스에서 개발한 감정 인식 로봇. 페퍼는 키 121cm, 무게 28kg, 터치센서가 탑재된 2개의 손, 4개의 마이크와 2개의 RGB 카메라, 10.1인치 디스플레이, 1개의 3D 센서, 3개의 터치센서가 탑재된 머리, 나오키 운영체제, 1개의 자이로 센서가 탑재된 가슴, 일체형 바퀴(이동속도 3km), 12시간 작동 가능한 배터리로 구성되어 있다.

신 음성인식 기술을 채용해 사람과 특정 언어로 의사소통까지 가능하다. 일상 대화의 70~80%를 이해하는 수준이며, 심지어 랩과 농담도 자유자재로 구사한다. 이러한 능력 덕분에 페퍼는 현재 일본에서 가정용은 물론이고, 놀이공원 등에 방문한 어린이들에게 설문조사를 하는 역할을 하고 있으며, 소매점 매장에서 접객, 고령자 도우미, 치매 예방 프로그램, 관광 안내, 네스카페에서 주문받기 등의 역할을 하고 있다. 또한 1,000여 개 커피 매장에서 고객 숫자, 고객 응대 내용, 연령, 성별 등을 분석해서 고객별로 '맞춤형 커피'를 추천한다. 일부 아시아 지역 피자헛에서도 일하고 있다. 반가운 인사와 함께 주문을 받고, 피자 값을 계산하고, 칼로리 계산도 척척 해낸다.

애플의 시리는 음성인식에 기초하고 있는데, 애플은 iOS 5가 설치된 아이폰에 처음으로 시리를 지원했다. 내일 우산을 챙겨야하는지, 출발지에서 목적지까지 지하철 노선은 어떻게 되는지 물어보면 시리는 사용자를 결코 실망시키지 않는 훌륭한 비서역할을 해낸다.

왓슨은 2016년부터 8번째 언어로 한국어를 배우고 있다고 한다. 곧 한국어를 구사하는 왓슨을 만나볼 수 있을 텐데, 미국에서 이미 조교와 변호사 등 무한 변신을 보여준 왓슨이 한국어를 통해 어떠한 역할을 할까. 인공지능이 인간과 함께 만들어갈 미래를 상상해 보는 것은 두렵기 보다는 흥미진진한 일이다.

지능형 로봇과 클라우드 서비스

딥러닝을 적용한, 매우 진보한 인공지능의 대표 선수로 꼽히는 것이 구글의 알파고, 아마존의 알렉사, 마이크로소프트의 코타나 등이다.

아마존 에코는 약 20㎝ 높이의 원통형 스피커인데, 사용자가 "알렉사, 신나는 음악을 틀어줘", "알렉사 날씨가 더운데 에어컨을 틀어줘"같은 명령을 내리면 알렉사는 즉시 명령을 수행한다. 사용자는 이외에도 길이나 위치에 대해 물어보거나 스포츠 경기는 언제 하는지 물어볼 수 있다. 심지어는 전자책을 읽어 달라거나 아마존 온라인 몰에 물건을 주문시킬 수도 있다. 마치 개인비서와 같다. 알렉사, 즉 아마존의 인공지능 덕분이다. 알렉사를 탑재한 에코는 2014년 말 출시되었는데 2년 여 동안 약 500만

개가 팔린 것으로 추정된다. 대단한 인기다.

그림 | 아마존 에코

자료 | 아마존

알렉사는 SF 영화·드라마인 '스타트렉'에 나오는 인공지능 컴퓨터에서 영감을 얻은 것으로 알려졌다. 스타트렉에 나오는 우주선 '엔터프라이즈호'의 인공지능 컴퓨터는 주인공들이 '컴퓨터'를 부르며 말을 걸면 자연스럽게 대화하면서 정보를 제공한다.

아마존은 알렉사가 탑재된 가전제품을 통해 이용자의 발음과 요청사항을 빅데이터로 모으고 있다. 이를 분석해 더욱 정교한 음성인식 시스템을 구축하면 스타트렉의 컴퓨터처럼 방대한 지식을 갖추고 사람과 자연스럽게 대화하는 인공지능을 만들 수 있다는 것이다.

CES 2017에서도 알렉사는 최고 스타였다. LG전자, 포드, 레노버, 화웨이 등 내로라하는 기업 700여 곳이 자율주행자에서부터 냉장고에 이르기까지 알렉사를 탑재한 다양한 가전제품을 대거 공개했기 때문이다. 이제 알렉사는 플랫폼으로 진화하고 있다.

물론 알렉사 외 다른 인공지능을 탑재한 비서 기능의 인공지능 제품들도 2016년에 대거 등장했다. 구글은 '어시스턴트'를 탑재한 '구글 홈'을 선보였고, 마이크로소프트는 게임기 엑스박스원에 '코타나'를 탑재했다. 코타나는 새로운 게임을 찾아주고 지인들과 게임을 즐길 수 있도록 파티를 구성해주는 등 실제 비서와 같은 임무를 수행한다. 한국의 SK텔레콤 '누구'도 비슷한 서비스를 제공하고 있다. 네이버는 라온을, KT는 기가지니를 선보이고 있다. 애플은 자사 TV 셋톱박스에 '시리'를 탑재했다. 언어를 통해 원하는 영상을 찾을 수 있으며 자사 스마트홈 플랫폼인 홈킷을 연동해 간단한 가전 제어도 할 수 있다.

또 독일 가전업체 보쉬와 지멘스가 공동개발한 '마이 키친 엘프(My Kitchen elf)'에서 이름을 따 만든 주방 도우미 '마이키(Mykie)' 역시 음성 인식형 개인비서다. 말로 하는 질문에 대답도 하고 냉장고와 세탁기, 건조기, 식기세척기, 오븐, 커피머신 등 각종 주방가전과 와이파이로 연결돼 이들을 모두 제어할 수 있다.

그림 | 보쉬와 지멘스가 공동 개발한 음성 인식형 비서 '마이키(Mykie)'

자료 | 아마존

　그럼에도 불구하고 CES 2017에서는 'Alexa Everywhere'라는 말이 나올 정도였다. 그 비결은 클라우드를 활용한 생태계 조성이다. 아마존은 알렉사를 독점하기보다 '알렉사 보이스 서비스(Alexa Voice Service)'와 '알렉사 스킬 킷(Alexa Skills Kit)' 등의 서비스를 제공했다. 알렉사 보이스 서비스는 클라우드 기반 서비스를 제공해 인터넷으로 연결된 여러 기기에서 알렉사를 쓸 수 있도록 지원하고, 클라우드에 저장된 사용자 데이터를 활용해 더 나은 서비스를 제공한다. 또 알렉사 스킬 키트는 구글 플레이나 애플 앱스토어처럼 알렉사를 여러 영역에서 활용할 수 있도록 돕는다. 가전, 자동차, 스마트폰 제조사들에게 관련 API와 툴, 문서, 코드샘플 등을 제공해 자신들의 입맛에 맞게 알렉사를 수정하거나 변경할 수 있도록 허용한다.

한편 CES 2017에서는 4차 산업혁명 시대에 '미래 먹거리'로 각광받고 있는 로봇도 대거 소개됐다. 로봇을 전시한 업체들은 단순히 로봇 공개를 뛰어넘어 개발 중인 로봇의 기능과 역량을 소개하는 데 초점을 맞췄다.

로봇 제작업체 런드로이드가 개발한 빨래 종류를 인식해 알아서 개는 로봇 '런드로이드(Laundroid, Foldimate)'를 선보였다. 사용자는 런드로이드 아래에 있는 서랍에 마른 빨래만 넣어두면 된다. 런드로이드가 옷 소재나 디자인 등을 자동으로 인식해서 갠 후 종류별로 분류해 놓는다.

중국의 한 스타트업은 로봇 팔을 이용해 커피를 만드는 '바리스타 로봇'도 공개했다. 스스로 원두를 갈고 커피를 내려 잔에 담아내는 모습은 영락없는 '바리스타'였다. 또 소프트뱅크의 로봇 '페퍼(Pepper)'는 사람과 카드게임을 펼쳐 보이기도 했다.

우리나라 업체로는 LG전자가 가정용 허브(Hub) 로봇과 정원을 손질하는 로봇, 공항·호텔 등 공공장소에서 고객 편의를 돕는 로봇 등을 선보였고, 코웨이는 움직이는 로봇에 공기청정기를 접목한 '로봇 공기청정기'를 공개했다.

이런 로봇들의 진화에도 역시 클라우드 서비스의 발달이 큰 기여를 하고 있다.

로봇이 더 복잡한 환경을 인지하고 인간과 더 자연스럽게 커뮤니케이션을 하기 위해서는 기하급수적으로 방대한 데이터들이 필요하다. 하지만 가정에 보급될 컴팩트하고 저렴한 로봇에 이러한 방대한 정보를 저장하고 처리하기는 어렵다. 그래서 이러한 기능을 몸체와 분리시키는 방법이 고안되었다. 해당 정보를 모두 원격에 저장하고 처리하는 것이다. 이때 가상의 저장 공간인 클라우드의 용량에 따라 무한의 정보를 그곳에 저장하고 로봇은 다양한 명령을 받아 실행을 한다. 즉 로봇의 몸체는 입력된 환경을 클라우드로 보내 이에 맞는 정보를 클라우드에서 명령 받아 실행하고 클라우드는 복잡한 모션 생성, 환경 인지, 지식 검색 등의 고차원적 수행을 담당한다. 쉽게 말하면 클라우드가 로봇의 뇌가 되는 셈이다.

소프트뱅크의 페퍼 역시 클라우드 방식을 통해 인공지능을 구현했다. 즉 데이터는 로봇 내부에 저장이 되지만 판단은 서버와 통신을 한 후에 하는 것이다. 이런 클라우드 방식의 인공지능은 학습 속도를 높이는 효과도 있는데, 예를 들면 어떤 로봇이 요리법 하나를 습득하였다면 원거리에 있는 다른 로봇도 인터넷을 통해 요리법을 공유할 수 있다.

이런 추세라면 IoT를 통한 스마트 홈이 구축되고, 인공지능 로봇이 각 가정의 일원이 될 날이 머지않아 보인다.

챗봇(Chatbot)

최근 개발된 인공지능 로봇들의 특징 중 하나는 비서 기능에서 한 걸음 나아간 AI 기반 챗봇(Chatbot) 서비스를 지향한다는 것이다. 챗봇은 인공지능과 사람이 대화를 주고받으며 필요한 정보를 제공해주는 소프트웨어다. 소비자를 대신해 정보를 검색하거나 상품을 주문해주는 등 커뮤니케이션의 편리를 위한 대화형 인터페이스를 갖춘다.

4차 산업혁명에서는 3차 산업혁명의 핵심 가치였던 약한 연결의 욕구가 충족되면서 강한 연결의 욕구가 등장하기 시작했다. 이 강한 연결 욕구는 비서기능의 로봇을 챗봇으로 진화 시킬 것이다. 페이스북과 카카오가 약한 연결이라면 개인화된 챗봇은 강한 연결이라고 할 수 있을 것이다.

챗봇 개발에 박차를 가하고 있는 것은 모바일 메신저 사업자인 페이스북, 구글, 카카오, 라인 등이다. 페이스북은 2016년 4월 첫 선을 보인 이후 현재까지 3만 4,000여개의 봇이 구축되는 등 기업과 단체의 고객 소통 수단으로 각광받고 있다.

카카오는 2016년 말 컨퍼런스를 통해 카카오톡 플러스친구를 이용, 상품을 검색한 뒤 구매에서 결제까지 가능하도록 할 계획이라고 밝힌 바 있다.

자사 어플에 챗봇 기능을 도입하려는 움직임도 눈에 띈다. 스타벅스는 모바일 앱의 새로운 기능으로 소비자가 자신의 휴대폰에 대고 음성으로 주문하면 가상의 바리스타가 인식해 주문받는 'MSB(My Starbucks Barista)' 서비스를 시작할 예정이다.

테크놀러지 조사회사인 포레스터 리서치는 포춘 500대 기업 중 챗봇 기술을 사용하는 기업 비율이 커지고 있으며 31%가 2017년 실제 서비스를 시작할 것이라고 전망하기도 했다.

Section 3.
혁신 생태계에 적응하라

Chapter1 '상상할 수 있으면 만들 수도 있는' 혁신 생태계
Chapter2 메이커 운동(Maker's Movement)
Chapter3 아이디어와 자금의 플랫폼, 크라우드펀딩
Chapter4 하드웨어 액셀러레이터

Hardware
Startup

혁신 생태계

"우리 시스코는 변화를 위해 몸부림치고 있으며 지난해 6,000명을 해고하고 새롭게 6,000명을 고용했다. 이는 신기술 흐름에 적응하는 것뿐만 아니라 스타트업의 빠른 움직임과 실행을 배울 필요가 있으며 문화를 바꾸기 위해서다. 이제는 대기업도 스타트업처럼 생각해야 한다."

CES 2015에 참가한 존 체임버스 시스코시스템스 회장의 말이다. 그는 사물인터넷(IoT)과 웨어러블 그리고 이를 무기로 한 스타트업의 빠른 혁신으로 기존 기업이 살아남기 힘든 환경에 직면해 있음을 강조했다. 그는 또 지금 현존하는 기업들은 곧 생존의 기로에 직면하게 될 것이며 현재 가장 힘 있는 기업들도 그렇게 될 것이라고 말했다.

그의 말은 뒤집어 생각해 보면 스타트업에게 매우 유리한 환경이 되었다는 말이기도 하다. 지금 우리는 '혁신의 시대'에 직면해 있다. 이는 개방과 공유, 협력의 생태계라는 용어로도 정리될 수 있다.

이제 실리콘밸리 소프트웨어의 95%가 오픈소스이다. 구글도 알파고의 소스코드를 개방했고, 아마존 역시 에코의 소스를 개방하는 등 전 세계가 기술을 개방 및 공유하고 있다. 그리고 이러한 행동의 궁극적인 목표는 협력을 통해 더 빠르고 더 싸게 혁신하려는 것이다.

인류는 1, 2차에 걸친 물질혁명, 3차 정보혁명을 거쳐 이제 4차 산업혁명인 지능혁명에 진입하고 있다. 4차 산업혁명에서 기업 활동은 기술 혁신과 시장 효율의 결합이라고 할 수 있다. 경쟁력 있는 제품과 서비스를 개발하고 시장을 통하여 더 많은 사람에게 전파 되도록 하는 것이 기업 활동인 것이다.

작은 벤처기업은 혁신 역량에, 거대 플랫폼 기업들은 시장 효율에 각각 주력한다. 예를 들면, 인스타그램와 페이스북의 만남이 그것이다. 2012년 페이스북은 인스타그램을 10억 달러에 인수했다. 인스타그램의 혁신 역량이 페이스북의 시장 효율과 결합하면서 1조 원 이상의 기업가치로 평가되었다. 만약 인스타그램이 스스로 시장을 개척했다면 성공 여부는 불투명했을 것이다. 반대로 페이스북이 내부에서 인스타그램을 대체하는 것을 만들려고 노력을 했다면 경쟁사에 뒤질 수가 있었다. 혁신과 효율의 결합을 추구하는 기업 활동은 이제 기업 내부를 넘어 기업 간의 경계도 허물고 있다.

그림 | 하드웨어 창업과 밸류 체인의 변화

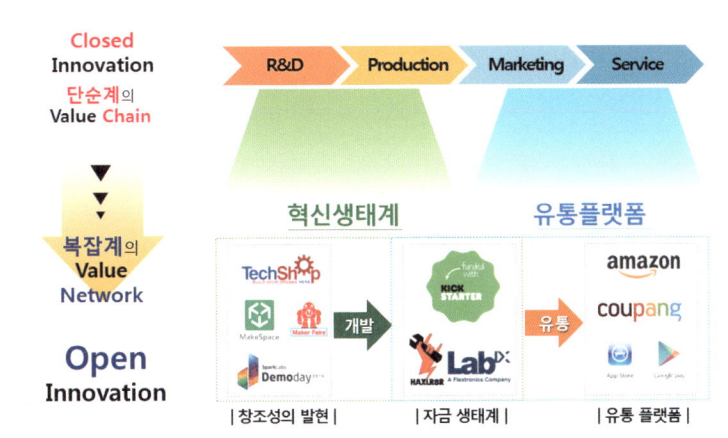

혁신 생태계의 발전과 확산으로 개인의 창조성 역시 빠르게 구현되고 확산될 수 있다. 메이커 운동 및 각종 창작 대회를 통해서 창조성을 개발한 개인은 쉽고 편하게 3D 프린터, 오픈소스 하드웨어 등을 활용해 혁신 역량을 가진 기업이 될 수 있다. 스스로 필요한 것을 만들어 쓰다가 공유하고, 시장성이 있다는 판단이 서면 크라우드펀딩 등으로 개발 자금을 조달할 수 있다. 하드웨어 엑셀러레이터의 발전은 이것을 더욱 쉽게 만들어 준다. 마케팅이나 유통에 대해서 고민하거나 많은 자금을 투자할 필요가 없다. 아마존, 알리바바, 바이두, 쿠팡과 같은 유통 플랫폼이 하드웨어 스타트업의 유통과 마케팅 업무를 덜어주기 때문이다. 말 그대로 '상상하면 만들 수도 있는' 시대가 온 것이다.

혁신 창업 플랫폼

스타트업에게 유리한 혁신 생태계에는 '쉬운 창업'이 가능한 혁신 창업 플랫폼이 존재한다. 창업 과정에는 여러 가지 추진해야 할 업무가 있는데, 아이디어 평가와 실행, 시제품 제작, 시장 탐색과 수요 발굴, 자금 조달, 교육, 네트워크 구축 등이다. 이 모든 것이 이제까지는 창업자가 모두 해야 할 일로 인식되어 왔다. 그래서 창업의 실패를 부르는 요인으로 지적되기도 했다. 그런데 창업 플랫폼이 등장함으로써 이런 문제를 해결할 수 있게 되었다.

창업 플랫폼이란, 특히 혁신 창업 플랫폼은 개인이나 법인의 혁신 창업·사업화를 돕는 플랫폼으로, 창업 및 신사업 개발 시 필요한 공통 요소들을 플랫폼화해서 제품 개발을 빠른 시간에

해 낼 수 있도록 지원해 주는 것이다. 이것이 창업비용과 위험을 줄여주므로 창업기업은 핵심 역량에만 집중할 수 있다. 실리콘밸리 창업비용이 2000년 5백만 불에서 2011년 5천불로 줄어든 것 또한 이 혁신 창업 플랫폼 덕분이다.

혁신 창업 플랫폼은 혁신창업을 위한 아이디어 플랫폼, 시제품 생산 플랫폼, 오픈이노베이션 플랫폼, 크라우드펀딩 플랫폼 등으로 나눌 수 있다.

아이디어 플랫폼

일반인이 아이디어 제출비와 함께 아이디어를 내면 커뮤니티 및 전문가가 협업을 해서 제품을 개발하고 서비스 할 수 있도록 도와준다. 제출되는 아이디어의 수준 및 품질 관리를 위해서 평가 투표 수도 제한한다. 여러 사람의 의견이 모이게 되므로, 보다 빨리 개선된 아이디어를 얻을 수 있다. 물론 '여러 사람에게 아이디어가 공개되면 나의 아이디어를 도용당하거나 빼앗길 위험은 없을까?' 하는 우려가 있을 수 있다. 이를 막기 위해 '신속한 프로세스'가 필요하다.

시제품 생산 플랫폼

아이디어를 실제로 제품화 할 수 있도록 하는 시제품 생산 플랫폼은 첨단 제조 설비를 마음껏 활용할 수 있도록 저렴한 비용으로 시제품 제작 관련 기반 서비스를 제공한다. 미국 테크숍(Techshop), 쉐이프웨이(Shapeway) 등이 대표적인 플랫폼인

데, 이는 개인이 소유할 수 없는 고가의 최첨단 제조 설비를 개방해 개인의 창의성 발현을 지원하고 있다.

그림 | 테크숍의 프로세스

국내에서는 각 부처를 중심으로 시제품 생산 플랫폼을 제공하고 있는데 '창조경제종합포털', '무한상상실', '글로벌 K- 스타트업', '아이디어 오디션', '시제품 제작터' 등이다.

오픈 이노베이션 플랫폼

오픈 이노베이션이란 본래 기업들이 연구·개발·상업화 과정에서 대학이나 타 기업·연구소 등의 외부 기술과 지식을 활용해 효율성을 높이는 경영전략이다. R&D투자 규모는 갈수록 커지지만 성공확률은 점점 떨어지자 기업들은 오픈 이노베이션을 모색하게 되었다. 기업 내부의 R&D활동을 중시하는 것이 '폐쇄형 혁신'이었고 아웃소싱이 한쪽 방향으로 역량을 이동시키는 것이라면 오픈 이노베이션은 기술이나 아이디어가 기업 내외의 경계를 넘나들며 기업의 혁신으로 이어지도록 하는 것이다. 지식재산권을 독점하는 것이 아니라 공유하는 개방형 기술 혁신인 셈이다. 혁신 생태계 안에서는 이런 오픈이노베이션에도 플랫폼이 등장했다.

대표적인 오픈 이노베이션 플랫폼은 미국 매사추세츠 주 월섬(Waltham)에 본사를 둔 이노센티브(InnoCentive)이다. 이노센티브는 2001년 인디애나 주 인디애나폴리스에 세워진 연구개발(R&D) 포털 전문 기업이다. 다국적 제약회사인 일라이릴리(Eli Lilly)가 세계 정상급 과학자를 온라인으로 연결해 R&D 비용과 제품 개발 기간을 줄여보겠다는 목적으로 세웠다. 이노센티브의 주력 사업은 크라우드 소싱(Crowd sourcing)으로 불리는 '문제의 집단 해결' 서비스다. 정부나 기업에서 문제가 생겼을 때 이 문제를 사이트에 올리고 현상금을 내걸면 전 세계 지식인, 과학자, 엔지니어들이 문제 해결에 도전한다. 이 같은 과정을 거쳐 문제가 해결되면 문제를 해결한 사람은 현상금을 받을 수 있고, 기업이나 정부기관은 낮은 비용으로 문제를 해결할 수 있다. 현상금은 1만 달러에서 100만 달러까지 다양하게 책정된다.

이노센티브의 크라우드 소싱이 가장 위력을 떨친 사례는 알래스카 기름 유출 사고 해결이었다. 1989년 엑슨모빌 소속 유조선 발데즈호가 알래스카에 좌초되었는데, 당시 유출된 기름이 얼음과 엉겨 붙어 젤리처럼 굳어지면서 오염 문제 해결에 어려움을 겪었다. 이 문제는 17년 넘게 지속되었다. 결국 국제기름유출연구소(OSRI)는 2007년 이노센티브(InnoCentive)[12]에 현상금 2만 달러를 걸고 문제 해결 방안을 구했다. 전 세계 과학자들로부터 수 천 건의 해결 아이디어가 올라왔고 문제를 올린 지 3개월 만에 시멘트회사 엔지니어인 존 데이비스의 아이디어[13]로 문제가 해결됐다.

그림 | 문제해결 플랫폼, 이노센티브(InnoCentive)

자료 | 이승환 외(2013)

이노센티브는 크라우드 소싱 사이트를 운영하면서 수수료를 받아 사업을 유지한다. 제약, 생명과학, 농업, 일반소비재, 식품, 향료, 향수, 기초 및 종합화학, 석유화학 등 다양한 분야의 서비

---

12) 이노센티브는 일반적인 컨설팅 업체와는 달리 전 세계의 수많은 과학기술자 및 전문가들을 연결하여 각종 연구개발과제 및 문제들을 연결해주는 인터넷 비즈니스 회사이다.
13) 그는 '바지선에서 기름을 분리시키는 방법'에 대한 해결책으로 시멘트를 굳지않게 하기 위해 계속 기계로 젓듯이, 오일도 진동 기계를 이용하여 자극을 주면 얼지 않는다는 해결책을 제시했다.(조선일보, 2007.12.31.)

스를 제공하고 있다. 문제를 해결한 사람이 기업체 소속 연구원일 경우 산업 기밀 유출 시비를 막기 위해 소속 기업의 승인 여부를 묻고 현상금을 지급한다. 2004년 한국 시장에 진출해 한국어 웹 사이트도 개설했다.

나인시그마(NineSigma) 역시 세계의 기업들의 신제품 개발 컨설팅을 주도하고 있는 글로벌 기업으로, 기업들이 핵심역량에 주력하여 필요한 기술이나 프로세스를 외부로부터 가져와 적용하고 시장을 주도하고 변화시킬 수 있는 신제품을 빠른 속도로 생산해 내도록 돕고 있다.

세계의 지적 재산권정보를 공유하는 옛투닷컴(Yet2.com)은 기술을 바탕으로 한 소셜네트워크 사이트로, 이곳을 통해 각 기업들은 자신의 특허들을 공개하면서 기술리스트를 공유한다.

캐글(Kaggle)은 기업과 정부에서 해결하고자 하는 데이터 분석상의 문제와 데이터를 공개하면 데이터 과학자들이 최상의 해법을 제시하기 위해 경쟁하는 사이트다. 캐글은 전 세계 10만 명 규모의 전문가와 데이터 분석가들을 연결한다. 경쟁을 통해 목표 달성에 기여한 팀에게는 상금과 라이선스비 등으로 보상한다.

크라우드펀딩 플랫폼

'십시일반', '티끌 모아 태산'이라는 말이 창업 자금 조달에 반영된 것이 '크라우드펀딩'이다. 크라우드펀딩(Crowd funding)은 군중을 뜻하는 영어 단어 '크라우드'와 재원 마련을 뜻하는 '펀딩'이 합쳐진 단어다. 즉, 여러 사람에게 자금을 마련한다는 뜻으로, 소셜펀딩으로 불리기도 한다.

크라우드펀딩 플랫폼으로는 미국의 킥스타터(Kickstarter)가 대표적이다. 킥스타터는 창의적인 아이디어를 실현하고 싶은 사람과 그 아이디어에 필요한 자금을 제공하는 사람들이 모이는 공간이다.

그림 | 크라우드펀딩, 킥스타터(Kickstarter)

자료 | 이승환 외(2013)

킥스타터에 올라오는 아이디어는 IT 기기 뿐 아니라 만화, 영화, 음반, 공연, 출판, 사진전, 게임 제작, 문구류 등 다양하다. 킥스타터에서는 투자나 대출이란 단어 대신 '후원'이라는 단어를 사용한다. 금전적인 수익을 기대하기 어려운 경우가 종종 있기 때문이다. 그 대신 후원에 대한 보답품을 받는다. 자금을 구하지 못해 발명자의 머릿속에만 머물렀을 아이디어가 킥스타터 덕분에 빛을 본다. 2012년 킥스타터의 18,109개의 프로젝트가 목표 금액을 모았고, 그중 17개는 100만 달러 이상을 모았다.

모금 프로젝트의 44%가 성공했고, 공공부문에서도 활용이 증가되는 추세다.

창업자의 역량을 키울 수 있는 MOOC

MOOC는 'Massive Open Online Course'의 줄임말로 '대규모 온라인 공개강좌' 또는 '개방형 온라인 강좌'이다. MOOC는 온라인을 활용해 언제, 어디서든 양질의 대학 강의를 들을 수 있게 한 새로운 형태의 고등교육 시스템이다. 특히 MOOC는 온라인에서 강의를 들은 수용자들에게 과제와 퀴즈, 토론, 정기적인 평가를 실시하는 등 참여를 유도한다. 또 일정 기준을 충족하면 수료증을 발급하거나 학점을 인증해 준다. 시간과 장소, 비용에 관계없이 질 높은 강의를 수강할 수 있는 시스템이라는 측면에서 21세기 교육혁신의 아이콘이라고 할 수 있다.

대표적 MOOC 플랫폼은 미국의 플랫폼인 코세라(Coursera, www.coursera.org), 에드엑스(edX, www.edx.org), 유다시티(Udacity, www.udacity.com)를 꼽을 수 있다. 이 중에서 콘텐츠 수나 방문자 수로 가장 큰 규모를 자랑하는 플랫폼은 코세라다. 코세라에는 2017년 4월 기준 149개 대학 및 기관이 2,102개 강좌를 개설했다. 국내에서는 카이스트(KAIST) 등이 참여하고 있다. 코세라에서 수강생들은 전 세계 대학에서 제작된 양질의 콘텐츠를 무료로 수강할 수 있다.

강의는 매주 20~30분 분량의 강의를 5~6개가량 듣는 방식으로 구성된다. 영어로 진행되고 자막 서비스가 제공된다. 스마트폰 연동도 가능하다. 한 주의 강의가 종료되면 주말 평가를 통해 60% 이상의 점수를 획득해야 다음 주차의 강의를 수강할 수 있는데, 재시험은 3회까지 허용된다.

수강생들은 과제로 부여된 에세이를 상호 채점하고, 협동 과제를 수행하거나 토론, 퀴즈 등을 수행함으로써 상호작용성을 극대화할 수 있다. 수강이 종료되면 최종 학점이 부여되는데, 일정 점수 기준을 충족해야 수업을 이수한 것으로 간주되어 유료 증명서를 발급받을 수 있다.

코세라 홈페이지

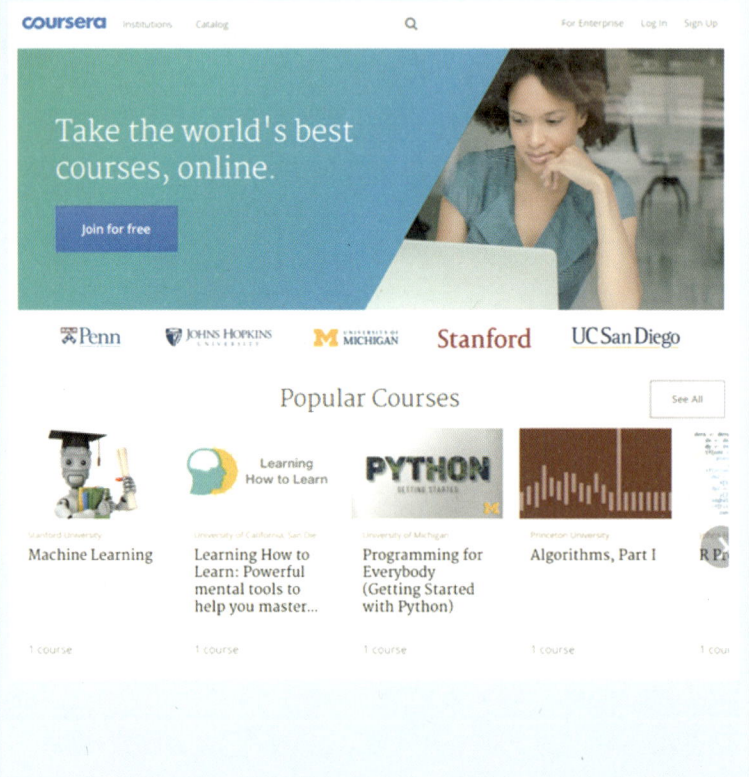

혁신 유통 플랫폼

과거에는 어떤 회사가 해외 진출을 했다고 신문 경제란에 대서특필 되곤 했다. 어떤 경우는 해외 시장 개척 비용이 제품 개발 비용의 몇 배에 달하기도 했다. 그러나 지금은 알리바바, 유튜브, 페이스북, 앱스토어와 같은 회사들에 의해 시장 진입 비용이 획기적으로 줄어들었다. 이것이 '혁신 유통 플랫폼'이다.

혁신 유통 플랫폼 중 하나인 알리바바는 중국 전자상거래 시장에서 80%에 이르는 점유율을 차지하고 있는 중국 최대 전자상거래 업체다. 매일 1억 명이 물건을 구매하기 위해 알리바바를 찾는다. 1999년 영어강사 출신 마윈이 중국 제조업체와 국외 구매자를 위한 기업 대 기업(B2B) 사이트 '알리바바닷컴'을 개설한 것을 시작으로 현재 2만5천명이 넘는 직원을 보유한 '알리바바 그룹'은 중국의 아마존을 내세우며, 쇼핑과는 전혀 무관했던 11월 11일을 '중국판 블랙 프라이데이'로 탈바꿈시켜 중국 전체 경제 판도를 좌지우지하고 있다. 알리바바의 장점은 다양한 중국 제조와 관련된 제품을 도매가격으로 쉽게 구매할 수 있는 플랫폼을 구축했다는 점에 있다.

현재 알리바바를 통해 이뤄지는 거래는 중국 국내 총생산(GDP)의 2%에 이르며 알리바바그룹은 전자상거래, 온라인 결제, B2B 서비스, 클라우드 컴퓨팅, 모바일 운영체제 등 다양한 사업을 진행 중이다. 이 가운데 핵심 사업인 전자 상거래 관련 사업 계열사로는 타오바오 마켓 플레이스, 티몰닷컴, 이타오(eTao), 알리바바닷컴 인터내셔널, 알리바바닷컴 차이나, 알리익스프레스 등이 있다.

혁신 유통 플랫폼은 공급자와 소비자 간의 거래 비용을 최소로 줄여서 효율성을 높여준다. 기본적으로 공급자와 소비자로 이뤄진 시장의 특성을 지니는데, 참여자가 증가할수록 네트워크의 가치는 기하급수적으로 증가한다.

플랫폼 제공자는 일정 수 이상의 시장 참여자를 확보하고 공급자와 소비자 간의 거래가 활성화되고 또 계속 유지될 수 있도록 해야 한다. 또 기업 간 인수 합병(M&A) 전략을 취하기도 하고, 개방공유 전략을 취하기도 하면서 공급자와 소비자를 대규모로 확보하고 네트워크 효과를 통해 가치를 창출해 내야 한다.

그림 | 유통 플랫폼의 역할

예를 들어 페이스북의 경우 3rd party를 통해 개방공유하고 있으나, 동시에 인스타그램과 오큘러스와 같은 대규모 M&A 전략을 병행하고 있다. 응용 솔루션 혹은 콘텐츠의 혁신은 개방공유로 플랫폼 자체의 혁신은 M&A로 진행하는 것이다. 그리고 창출된 가치를 플랫폼 참여자와 플랫폼 제공자에게 공정하게 재분배하면 플랫폼은 확대선순환 된다.

좋은 상점이 많아야 많은 고객이 모이고, 많은 고객이 모이면 좋은 상점들이 입점하는 법이다. 이런 식으로 일정 수준의 임계점을 넘게 되면 공급자와 소비자 모두가 진화하는 Co-evolution 현상이 나타나고 자연스럽게 플랫폼이 확대선순환 되는 것이다.

라쿠텐·쿠팡·배달의민족

중국의 알리바바 못지않게 일본과 한국에도 세계적으로 주목받는 대표 유통 플랫폼이 있다.

일본의 라쿠텐 주식회사(Rakuten, Inc.)는 1997년에 현 회장 겸 사장인 미키타니 히로시가 창업했고, 2000년 자스닥에 상장했다. 인터넷 쇼핑 서비스를 시작으로 인터넷 서비스를 제공하고 있는데, 2014년 3월 시점에서 9,193만 명의 그룹 회원을 보유하고 있으며 일본 최대 인터넷 쇼핑몰인 '라쿠텐 시장'이나 포털 사이트 '인포시크' 등의 전자상거래 사이트를 운영하고 있다. 일반적인 전자상거래 사이트들은 제품 중심, 효율 중심, 소비자와 수동적 상호관계를 이루는데 라쿠텐은 참여하는 상인들 스스로 사이트를 디자인하고 독창성을 발휘하도록 장려한다. 소비자에게 직접적으로 메일이나 SNS를 보낼 수 있도록 허용하고, 이를 통해 소비자들은 좀 더 즐거운 쇼핑을 경험할 수 있다.

라쿠텐 이치바의 B2B2C 비즈니스 모델

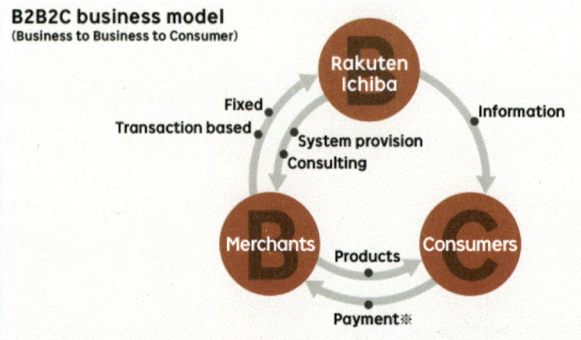

한편 2010년 설립된 한국의 쿠팡은 인터넷상에서 사람들을 모아 공동구매를 하면 할인해 주는 소셜 커머스 업체로 시작했다. 지금은 연간 거래액 2조원이 넘는 종합 전자 상거래 기업으로 발돋움했는데 그 과정에서 '원스톱' 서비스를 구축하고 '쿠팡맨' 서비스도 도입했다. 원스톱 서비스는 물품 매입에서부터 배송까지 전 과정을 책임지는 것이고, 쿠팡맨 서비스는 물품 배송을 택배 업체에 맡기지 않고, 쿠팡의 직원이 직접 배송하는 서비스다.

배달의민족은 '우아한형제들'이 만든 음식 주문 전문 앱이다. 김봉진 우아한형제들 대표는 길거리 전단지의 식당정보 5만 개를 모아서 2010년 6월 '배달의 민족'을 서비스했다. 그리고 6년 만에 1조원 배달 앱 시장을 연 주인공이 되었다. 2016년 7월까지 실적만 보아도 월 주문건수가 830만 건을 돌파했고 창업 당시 6명이었던 구성원은 최근 시작한 외식배달서비스 자회사 배민라이더스 등을 포함해 460여 명으로 늘었다.

쿠팡과 우아한형제들의 성공은 현재 스타트업을 준비하는 한국 젊은이들에게 큰 자극이 되고 있으며 동시에 무궁무진한 O2O[14] 시장이 될 것으로 기대되는 Food Tech의 선두 주자이기도 하다. 전 세계 O2O 서비스의 50%가 음식배달 서비스와 요식업이라고 할 수 있을 만큼 Food Tech는 매년 가파른 성장세를 이루고 있는 시점에서, 배달의민족은 신선식품업체 배민 프레쉬, 정기 반찬배송 업체 더푸드, 도시락 업체 옹가솜씨 등을 인수하고 자장면·치킨배달에서 밸류 체인을 확대하여 우리의 모든 식탁을 O2O로 연결하기 위해 힘쓰고 있다.

---

14) 온라인과 오프라인의 경계를 무너뜨리고 서로 연동하는 결합형 비즈니스로, 스마트폰을 이용해 오프라인 매장으로 고객을 끌어오거나 가정 또는 고객이 원하는 어떤 장소라도 다양한 서비스를 제공할 수 있는 패러다임이다. 배달의 민족, 카카오택시, 야놀자, 직방 등이 그 예다.

스타트업과 시장 진입장벽

스타트업 창업에 있어서 중요한 고려 대상은 시장 진입장벽일 것이다. 창업기업이 시장 진입장벽을 극복하기 위해서는 두 가지 전략을 구사할 수 있다. 바로 '오픈 플랫폼'과 '오픈 이노베이션'이다.

오픈 플랫폼은 애플의 앱스토어, 구글의 구글플레이와 같은 개방 플랫폼이 좋은 예가 된다. 앱 개발자들에게 개발 도구를 공개하고 마켓도 제공함으로써 효율 공간을 제공하는 오픈 플랫폼을 활용하면 앱 개발자들이나 창업 기업들은 혁신 역량에만 집중할 수 있다. 혁신의 공간과 효율의 공간이 분리·순환하는 형태라고 볼 수 있다.

오픈 이노베이션은 혁신 창업기업이 시장 기업에 M&A되거나 라이선싱을 매각하는 방법이다. 앞서 인스타그램과 페이스북의 협력 관계에서 본 것과 같이, 혁신 전문기업과 시장 전문기업으로 분할되고 있는 추세에 발맞춘 전략이라고 할 수 있다. 또 사내벤처가 스핀오프·스핀아웃 되는 방식도 여기에 속한다. 혁신의 시간과 효율의 시간이 분리 · 순환하는 형태다.

'시그널(Sgnl)'이라는 시계줄을 만드는 하드웨어 스타트업 '이놈들연구소'는 사내벤처가 스핀오프된 방식의 좋은 예이다. 시그널은 2016년 8월, 킥스타터에 런칭한 지 약 4시간 만에 모금액 5만 달러를 돌파했을 정도로 주목을 받고 있다. 시그널은 손가락 끝을 귀에 대면 전화 통화를 할 수 있는 스마트 시계줄이다. 손가락을 귀에 대어 상대방의 목소리를 듣는 한편, 시계줄에 장착된 마이크를 통해 본인의 음성을 전달하는 방식이다. 인체를 매질로 소리를 전달하기 때문에 사용자는 자신만 들을 수 있는 소리를 경험할 수 있다. 즉 자전거를 타고 가다가 전화가 오면 시계 줄을 통해 알 수 있다. 휴대폰을 꺼내지 않고 손가락만 귀에 대면 통화 연결이 되는 것이다.

이놈들연구소는 삼성전자의 1호 스핀오프 기업이다. 최현철 대표는 삼성전자의 사내벤처프로그램 C-Lab(Creative Lab, C랩)이 처음 시행됐을 때 최우수 과제로 선정되면서 팀장이 됐고, 인사권이 생겨 5명을 영입해 6명이 과제를 시작했다. 그렇게 1년이 지난 2014년, 회사에 스핀오프 제도가 생겨서 창업기회를 얻었다. 그리고 2015년 퇴사한 직후 법인을 설립했다.

조금 더 추상적, 철학적으로 설명하면 오픈 이노베이션 전략은 혁신하는 시간과 효율을 이루는 시간이 분리되어 있고, 오픈 플랫폼 전략은 혁신을 이루는 공간과 효율을 이루는 공간이 분리되어 있는 셈이다. 참고로 인간을 분리·순환시키는 형태가 사내벤처다. 왜냐하면 혁신과 효율은 동일한 시간, 공간, 인간의 영역에 공존이 불가능하기 때문이다.

Section 3.
혁신 생태계에 적응하라

Chapter1 '상상할 수 있으면 만들 수도 있는' 혁신 생태계
Chapter2 메이커 운동(Maker's Movement)
Chapter3 아이디어와 자금의 플랫폼, 크라우드펀딩
Chapter4 하드웨어 엑셀러레이터

Hardware
Startup

'페블'과 '스퀘어'의 요람

'핸드폰을 꺼내지 않고 시계처럼 손목에서 확인 할 수는 없을까?'

답은 물론 "스마트워치로 확인 할 수 있다"이다. 이제는 누구에게나 익숙한 스마트워치, 그 시작은 '페블'이었다.

2008년 어느 날, 자전거 타기를 즐기던 25살의 네덜란드 교환학생 에릭 미기코브스키(Eric Migicovsky)는 문득 위와 같은 궁금증이 생겼다. 그는 당장 기숙사에서 제품 개발에 돌입했고, 블랙베리와 연동되는 스마트 시계인 인펄스(InPurlse)를 만들었다. 시장의 반응은 차가웠지만 그는 2010년 알러타(Allerta)를 창업했다. 그리고 연구를 계속한 끝에 아이폰과 연동되는 스마트워치 페블(Pebble)로 크라우드펀딩 서비스인 킥스타터를 통해 2012년 68,929명으로부터 10,266,845달러를 모금하는데 성공했다. 이는 2012년 기록한 크라우드펀딩 프로젝트 중 최고액이다.

그림 | 스마트 워치, Pebble

자료 | blog.getpebble.com

미국 신용카드 결제에 혁신을 불러온 모바일 신용카드 단말기 '스퀘어'! 아메리칸 익스프레스 카드를 받을 수 없어 고객을 놓친 잭도시와 짐멕켈비는 스마트폰을 신용카드 결제 플랫폼으로 이용한다는 아이디어를 떠올렸다. 그러면 누구나 손쉽게 신용카드 결제 시스템을 이용할 수 있을 것 같았다. 그리고 그들의 생각은 적중했다. 스퀘어는 2014년 3억 달러가 넘는 투자를 받았고 2014년 시장가치는 32억5천만 달러로 추산된다.

페블과 스퀘어, 성공적인 스타트업으로 손꼽히는 이들의 공통점은 메이커 운동이 낳은 스타트업이라는 것이다.

그림 | 미국 신용카드 단말기 스퀘어

　에릭 미기코브스키는 직접 도면을 그리고 납땜을 해 가며 시제품을 만들었다.

　잭 도시와 짐 맥켈비의 경우도 마찬가지였다. 이들은 대형 은행이 놓친 틈새시장을 공략하겠다고 투자자를 설득했다. 하지만 돈을 끌어 모으지는 못했다. 아이디어가 너무 혁신적이라는 이유였다. 절치부심하던 그들은 프로토타입을 만들기로 결심했다. 아이디어에 투자하기는 어려워도 실제로 작동하는 제품에 투자하기는 비교적 쉽다는 생각에서였다. 짐 맥켈비는 테크숍 멘로파크 지점에서 메이커 강의 몇 개를 듣고 3가지의 프로토타입을 만들었다. 잭 도시는 프로그램을 짰다. 두 사람은 몇 달 뒤 완벽하게 작동하는 프로토타입을 들고 실리콘밸리 벤처투자자 앞에 다시 섰다. 이들은 투자자에게 신용카드를 빌려달라고 한 다음 "자, 보세요. 이 돈은 돌려드리지 않겠습니다."라는 말과 함께 스퀘어 단말기로 읽어 들였다.

그들은 시범 결제에 성공하면서 동시에 그 자리에서 기부금 500달러를 얻었다. 잭과 짐은 프로토타입 시연 덕분에 초기 투자금을 1천만 달러나 모았다. 서비스를 공개적으로 시작하기도 전이었다.

'메이커 운동(Maker's Movement)'은 에릭 미기코브스키와 잭 도시, 짐 맥켈비처럼 아이디어를 가진 사람이 직접 제품을 만들어 낼 수 있도록 돕는 오픈소스 제조업 운동이다.

세계 유일의 Tech DIY 잡지 〈MAKE〉

"뭔가 만드는 사람을 메이커라고 한다. 2005년 창간된 〈MAKE〉 매거진을 통해 대중화되기 시작한 말로, 새로운 만들기를 이끄는 새로운 제작 인구를 가리킨다. 발명가, 공예가, 기술자 등 기존의 제작자 카테고리에 얽매이지 않으면서, 손쉬워진 기술을 응용해서 폭넓은 만들기 활동을 하는 대중을 지칭한다. 처음에 쓰일 때는 취미공학자라는 의미가 강했지만, 지금은 공유와 발전으로 새로운 기술의 사용이 더더욱 쉬워졌기 때문에 만드는 사람 전부를 포괄하는 뜻으로 쓰이기도 한다."

- 〈메이커 운동 선언〉, 마크 해치[15](2014)

---

15) 메이커 운동의 허브인 '테크숍' 공동설립자이자 최고경영자

메이커 운동이라는 말은 미국 최대 IT 출판사인 오라일리 의 공동창업자였던 데일 도허티(Dale Dougherty)가 처음 언급한 개념이다. 데일 도허티는 메이커 운동이 일어나는 모습을 보고 2005년 〈MAKE〉라는 DIY 잡지를 출간하여 "All of us are Maker"라는 가치를 전파했다. 이 책은 세계 유일의 Tech DIY 잡지이다.

그림 | 메이커 무브먼트를 이끈 Make 잡지와 데일도허티

자료 | www.makezine.com

메이커 운동이란 스스로 필요한 것을 만드는 사람들이 만드는 법을 공유하고 발전시키는 흐름을 통칭하는 '오픈소스 제조업 운동'이다. 메이커 운동은 기존 'DIY(Do It Yourself) 운동'과 다르다. 메이커 운동은 개인적 취미 생활부터 전 산업 영역까지 아우른다.

"제조업은 세계에서 가장 큰 산업 가운데 하나다. 1차 산업혁명 이후 대량으로 물건을 만들 수 있는 힘은 생산수단을 소유한 이의 손 안에 있었다. 지금까지 생산수단이라고 하면 커다란 공장, 큰 회사, 또는 이런 곳에서 만든 상품 등을 뜻했다. 20세기 대중매체도 마찬가지였다. 하지만 우린 인터넷과 콘텐츠의 롱테일 법칙[16]이 대중매체를 어떻게 바꿔놨는지 목격했다. 이제 상상해보자. 상품의 롱테일 법칙을 말이다. 웹의 디지털 혁신 모델이 바꿔놓은 물리적 생산 과정의 변화, 이것이 메이커 운동이다."

- '메이커 운동', 크리스 앤더슨[17](2012)

크리스 앤더슨은 메이커 운동의 영향력을 이처럼 인터넷이 대중매체에 미친 파괴력에 비유하기도 했다.

메이커 운동이 등장한 배경 역시 4차 산업혁명과 맥을 같이 한다.

크게 3가지다. 우선, 제조업의 문턱이 낮아졌다. 산업 곳곳에 컴퓨터가 스며들며 생산성은 획기적으로 높아졌다. 제조업도 마찬가지다. 금속 부품을 가공할 때 쓰는 밀링 기계는 80년대까지만 해도 전문가만 쓸 수 있는 매우 복잡하고 비싼 기계였다. 수억 원이 넘어서 기업에서나 쓸 수 있던 밀링 기계가 이제 수천,

---

16) 주목받지 못하는 다수가 핵심적인 소수보다 더 큰 가치를 창출하는 현상을 말한다. IT와 통신서비스의 발달로 시장의 중심이 소수(20%)에서 다수(80%)로 옮겨가고 있는 것을 말한다. 2004년 미국의 기술지 와이어드(Wired)의 편집장 크리스 앤더슨(Chris Anderson)이 처음 창안한 용어이다.

17) 크리스 앤더슨(Chris Anderson): 언론인 출신, 미국 드론 업체인 3D로보틱스 최고경영자

수백만 원대로 내려왔다. 일반인도 프로그램 사용법만 알면 강철을 깎아 공장에서 만든 것만큼 튼튼한 부품을 만들 수 있게 됐다. 밀링 머신 뿐만이 아니다. 비싸고 실용성이 떨어졌던 3D 프린터가 이제는 비행기 부품을 만들 만큼 발전했다. 개인 용도로는 수십만 원 대에 책상 위에 올려두고 쓸 수 있는 제품도 나온다. 개인용 3D 프린터 성능도 퍽 괜찮다. 피규어나 치과 보형물 제작 등 일부 분야에서는 벌써 적극적으로 활용되고 있다. 전문가만 쓰던 컴퓨터 그래픽 프로그램도 이제 개인이 블로그 사진을 편집할 때에 쓴다.

두 번째로는 협력이 쉬워졌다. 이제 사람들은 컴퓨터로 그린 도면을 웹사이트에 공유한다. 개발자가 집단지성으로 프로그램을 개선해가듯 메이커 역시 도면이나 제작 노하우를 인터넷에 공유해 제작 기술과 결과물의 품질을 발전시킨다.

메이커 운동을 떠받치는 물리적인 협업 공간도 나타났다. '메이커 스페이스(Maker Spaces)'라고 불리는 이곳은 메이커들의 사랑방 역할을 한다. 레이저 절단기, CNC 밀링 기계, 산업용 3D 프린터, 용접기 등 다양한 제조 기구를 갖추고 메이커의 손길을 기다린다. 메이커 스페이스를 찾은 이는 한 달에 몇 십만 원만 내고 전문 장비를 맘껏 이용할 수 있다. 관심사가 비슷한 이가 모이면 자연스레 공동체가 형성된다. 제작 자금을 모으는 일 역시 협력을 통해 가능해졌다. '킥스타터'나 '인디고고' 같은 크라우드펀딩 서비스는 메이커가 당장 수중에 큰돈이 없어도 불특정 다수 투자자에게서 자금을 조달해 제작에 착수할 수 있는

길을 열었다.

　마지막으로, 대량생산 공정이 유연해졌다. 산업 차원까지 영향을 미치려면 단순히 공방에서 뚝딱 거리는 수준을 넘어서야 한다. 시장에 본격적으로 진입하려면 어느 정도 규모를 갖추고 생산에 나서야 한다. 소품종 대량생산 시대에 공장 생산라인은 개인이 접근할 수 없는 자원이었다. 몇 달 혹은 몇 년 동안 라인을 설계하고 배치해야 제품 생산을 시작할 수 있었다. 공장 가동에 드는 돈도 만만치 않아서 기업 규모는 돼야 생산라인을 가동할 수 있었다. 그런데 이제 집 안에서 온라인으로 공장 생산라인을 가동할 수 있다. 세계 최대 B2B 상거래 웹 사이트 '알리바바'에서는 내 주문을 수십 개부터 수만 개까지 소화해낼 중국 공장 목록을 찾을 수 있다. 도면을 보내고 신용카드로 제작비를 결제하면 집에 앉아 물건을 받아볼 수 있다. '셰이프웨이즈'나 '포노코' 같은 웹 사이트는 값비싼 산업용 3D 프린터나 컴퓨터 밀링 기계로 제품을 만들어 보내준다. 개인도 기업만큼 전문적인 생산력을 동원할 수 있게 된 것이다.

메이커 페어와 메이커 스페이스

　메이커 운동은 메이커 운동을 주도하는 메이커들(Makers), 개인의 창작활동을 돕는 메이커 스페이스, 메이커들의 활동을 장려하는 메이커 페어로 구성된다. 즉 메이커 운동이 성공하려면 콘텐츠·커뮤니티·스페이스의 3요소가 필요하다.

　그럼 세 가지 요소를 하나하나 살펴보자.

　메이커 스페이스(Maker Space)는 물리적 장소를 말한다. 사람들이 모여서 자원과 기술을 공유하며 프로젝트를 실행하다 보면 자연히 네트워크가 형성되고, 지식도 공유하게 된다. 메이커 스페이스는 도구와 장소를 지역 사회에 제공해주는 역할을 하는 도서관, 커뮤니티센터, 사설 기관, 혹은 학계를 포함하는데 여기에 전문가가 존재할 수도 있지만 본래는 다른 사용자들과의 상호관계를 통해 학습하는 공간으로 활용된다.

그림 | 메이커스 무브먼트의 삼위일체 개념

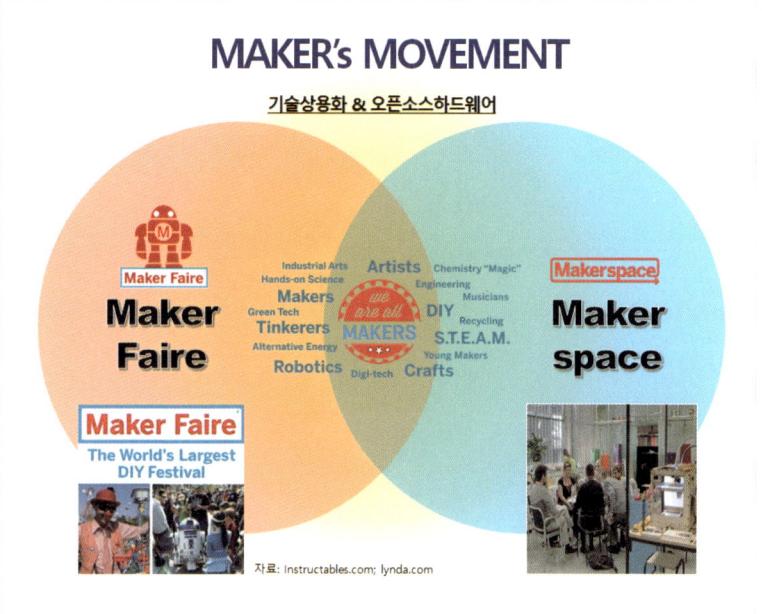

대표적인 메이커 스페이스로는 Stanford 대학의 팹랩(Fab-Lab)[18], 해커 스페이스, Mary Washington 대학의 씽크랩(ThinkLab), Rutgers University 의 Headquarters 등이 있다.

팹랩은 디지털 기기, SW, 3D 프린터 등 실험 생산 장비를 구비하여 적은 리소스와 비용으로 학생, 예비 창업자, 중소기업가들의 기술적 아이디어를 실험하고 구현해 볼 수 있는 공간이다. 여러 팹랩에서 구현한 제품의 구체적 설계 내용 및 제작 과정의 문제를 데이터베이스 형태로 공유하여 연구를 지속적으로 개선

---

18) 제작실험실(Fabrication Laboratory)의 약자.

해 나갈 수 있다. 또, 팹랩은 국제 인증을 받은 메이커 스페이스라 할 수 있다. 노르웨이·영국 등에는 2000년대부터 팹랩이 생겨나, 시골 마을에도 있을 정도다. 이곳에는 일정 수준 이상의 장비를 갖추고, 팹랩 아카데미에서 자격증을 딴 강사(인스트럭터)가 한 명 이상 배치돼 있다.

해커 스페이스는 개인 발명가나 화이트 해커들이 상호 교류하며, 오픈 SW, 대안 미디어, 오픈소스 HW 등에 대한 정보 및 아이디어를 공유한다. 또 다양한 친목활동을 통한 참여자들 간 네트워크를 구축한다. 메이커 스페이스를 통해 학생들은 아이디어를 개발하고 이를 구현할 뿐 아니라 다른 사용자들과 협력함으로써 자율적인 학습을 한다. 이런 활동은 개인과 개인, 캠퍼스와 캠퍼스를 연계하여 협동 프로젝트를 수행하게 될 것으로 기대를 모으고 있다.

메이커 페어(Maker Faire)[19]는 사람들에게 3D 프린터 및 오픈소스 하드웨어를 사용법을 알려주어 창의적인 것을 만들 수 있게 도와주고 사람들의 공유를 이끄는 이벤트 혹은 워크숍[20]이다. 메이커 운동을 이끌어낸 DIY 관련 다양한 정보를 다룬 무크지 '메이크(Make)', '메이커 미디어(Maker Media)'의 창립자이자 CEO인 데일 도허티와 부회장인 쉐리 허스(Sherry Huss)에 의해서 2006년 처음 만들어졌다.

메이커 페어의 목적은 새로운 것을 만들 수 있는 기회를 더

---

19) http://makerfaire.com
20) https://www.youtube.com/watch?v=JLWxm21l_A

많은 사람들에게, 특히 아이들에게 제공하는 것이었다. 스스로를 메이커로 또는 창작자로 여길 수 있도록 장려하는 동시에, 무엇인가를 만드는 지식과 기술을 가진 사람들이 세상을 더 좋은 곳으로 만들 수 있는 힘을 지니고 있다는 점을 전파하겠다는 것이다.

전 세계적으로 2014년 기준 131개의 메이커 페어들이 있다. 두 개의 플래그쉽 이벤트가 Bay area와 New York에서 각각 개최되고 있으며, 20개의 대규모 독창적인 메이커 페어와 그 밖의 다양한 미니 메이커 페어가 21개국 116개의 도시에서 개최되고 있다.

그림 | 증가하는 해외 Maker Faire와 그 구성요인

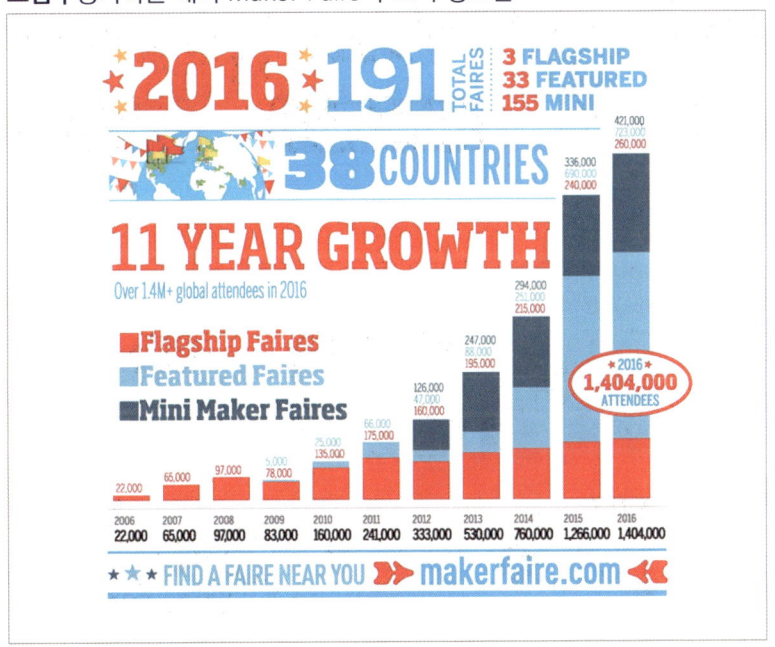

자료 | makerfair.com

2013년의 메이커 페어에는 한국을 포함해 약 53만 명이 참여했는데, 2012년에 비해서 64%의 증가한 수치이다. 특히, 작은 규모이면서 독립적으로 생성된 미니 메이커 페어는 지역 축제로써 활성화 되어 가고 있음을 보여준다. 메이커 페어가 개인과 개인을 연결시키고 개인과 기관을 연결시키는 기능을 수행하며, 지역사회의 발전과 경제의 발전에 기여할 것이라는 예측 때문일 것이다.

그림 | 로마 Maker Faire 2014

자료 | http://ed2013.makerfairerome.eu/

그림 | Maker Faire 2013 KOREA에 출품된 작품들

자료 | http://emptydream.tistory.com

오늘의 DIY가 내일의 'MADE IN KOREA'

　미국은 메이커 운동의 선두 주자다. 메이커 운동을 통해 쇠퇴한 창의성과 도전정신을 다시 고취시키고 있다.

　2012년 뉴욕에서 열린 '메이커 페어'에서는 9세 초등학생이 타이머로 점등하는 LED, 15세 중학생이 신제품 '디지털 폴라로이드 카메라'를 선보이기도 했다.

　2014년 7월에는 미국 백악관에서도 '메이커 페어'가 열렸을 정도이다. 버락 오바마 대통령은 이 자리에서 "오늘의 DIY가 내일의 메이드 인 아메리카가 된다."라며 메이커 운동이 앞으로 수십 년 동안 새로운 일자리와 산업을 만드는 미국 제조업의 토대가 될 것이라고 말했다.

그림 | 미국 백악관에서 개최된 메이커스 페어 당시 오바마 대통령

자료 | http://www.nova-labs.org/blog/tag/maker-faire/

오바마 대통령의 말에서 알 수 있듯이 미국 정부는 메이커 운동을 적극적으로 후원한다. 3D 프린터와 오픈소스 기반의 메이커 운동은 미국 제조업의 부활을 이끄는 새로운 경제 원동력으로 각광받고 있다. 특히 이는 오바마 정부의 리쇼어링 정책[21]과 맞닿아 있는데, 리쇼어링(reshoring)이란 오프쇼어링(offshoring)의 반대개념으로 해외에 나가있는 미국들을 세제혜택과 규제완화 등을 통해 불러들이는 정책이다. 이렇게 제조업 회복을 최우선 순위로 삼으며 제조업의 르네상스를 도모한 결과, 실제로 미국의 제조업 일자리는 3년 사이 50만개가 늘어났다.

일본은 이미 2008년부터 메이커 운동을 시작해 지금은 서점이나 백화점 안에서도 소규모 메이커를 위한 부스를 따로 마련해 판매를 도울 정도이다. 학생들을 위한 메이커 워크숍에는 벌써 10만 명 이상이 참가했다. 중국도 국가 차원에서 메이커 운동을 돕고 있다. 중국은 창업을 직접 경험할 수 있게 만든다는

---

21) 미국 오바마 정부는 고용창출계수가 높은 제조업 특히 전통적인 제조업 중시의 경제 부흥을 추진하여 각종 세제지원을 집중시키고 있다.

것이 특징인데, 창업의 성공·실패 여부보다도 창업 과정을 통해 배울 수 있도록 돕고 있다.[22]

심천에서는 메이커 주간(Maker Week)을 열어 스타트업의 창작품을 전시하기도 한다. 2015년부터 매년 6월 〈선전국제창업주간〉을 개최해 '국제 창업자의 도시'를 실현할 계획이고, 전 세계 창업자들이 선전에서 자유롭게 아이디어를 공유할 수 있도록 하드웨어 플랫폼을 제공할 계획이다.

그림 | 중국의 Maker Week

자료 | platum.kr

한국 정부도 메이커를 육성하겠다고 나섰다. 정부는 2014년 7월 메이커 1천만 명을 육성한다는 계획을 발표했다. 2020년까지 1천만 명에게 3D 프린터 활용교육을 실시하겠다는 것이다. 과학관과 도서관, 초·중·고등학교에 3D 프린터를 보급하고, 2017년까지 130개 셀프제작소를 구축할 계획이다. 메이커 운동을 정부 차원에서 지원하는 움직임은 환영할 만하다. 메이커 운동이야말로 정부가 원하는 1인 창조기업이나 벤처창업에 매우 적절한 기회로 해석되어야 한다.

---

22) YTN [ICT 포커스] 제3차 산업혁명…ICT 기반 '메이커 운동' 2015.12.7.

그림 | 경제 프레임의 변화

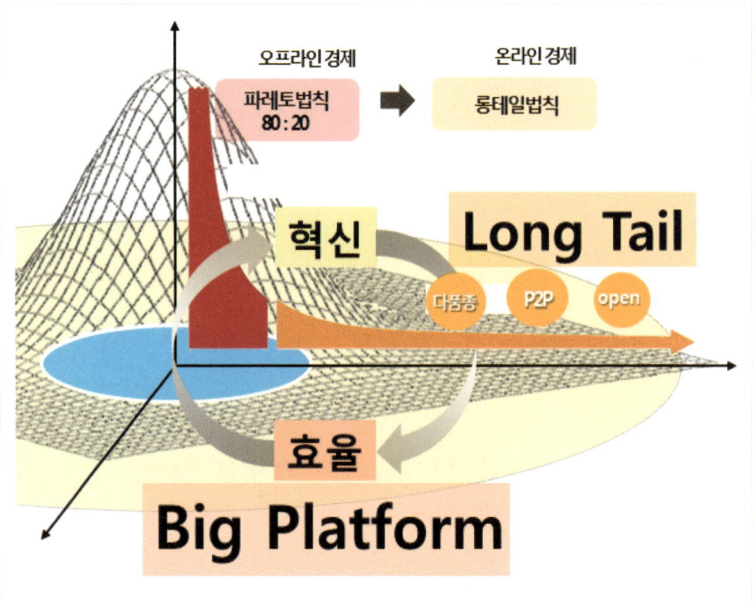

자원의 제한이 있느냐 없느냐에 따라 오프라인은 본래 파레토 법칙(Pareto's Law)[23]이, 온라인은 롱테일 법칙이 적용된다. 그런데 메이커 운동은 온라인과 오프라인을 결합시켜, 하드웨어(오프라인) DIY가 가능해지고 온라인화·롱테일화(long tail theory)도 이루어진다.

메이커 운동은 개인의 상상 실현 측면에서 아이디어의 발산 및 실제화에 큰 기여할 것이다. 또, 개인의 취미 이상의 혁신적 산업 제품 개발에 동력을 부여하고 있는데, 사물인터넷(IoT)의 확산과 함께 ICT 기반의 메이커 운동은 다양한 스타트업 생태계

---

[23] 소득분포에 관한 통계적 법칙으로서, 파레토가 유럽제국의 조사에서 얻은 경험적 법칙이다. 전체성과의 대부분(80)이 몇 가지 소수의 요소(20)에 의존한다는 의미이다.

를 창출하며 미래 ICT 산업과 제조업에도 큰 영향을 끼칠 것으로 보인다.

미국의 드론 회사인 3D로보틱스 사의 최고경영자 크리스 앤더슨(Chris Anderson)은 '메이커스(Makers)'에서 "컴퓨터와 인터넷에 이어 메이커 운동이 향후 미국 경제를 바꿔놓을 새로운 산업혁명이 될 것"이라고 밝히기도 했다. 이것이 메이커 운동에 대해, 세계 주요국들이 중요 산업 아이템으로 인식하고 있는 이유일 것이다.

어쩌면 인류는 '가장 만들기 좋은 시기'를 만났는지도 모른다. 생산도구가 다양하고 간단하면서 저렴하기까지 하다. 덕분에 더 많은 사람이 생산수단을 사용할 수 있게 됐다. 이제 수천만 원만 있으면 개인 인공위성을 띄울 수 있는 시대, 수백만 원만으로 하드웨어 스타트업을 시작할 수 있는 때이다.

이런 움직임이 계속된다면 혁신적인 하드웨어 스타트업이 잇따라 나타날 수 있다. 인터넷에 각종 기기와 센서, 스위치 등이 연결되어 사물인터넷(IoT)이 구축되면 더 많은 것이 바뀔 것이다. 제작 수단은 손만 뻗으면 닿을 곳에 널려 있다. 세상을 바꾸는 데 필요한 것은 오직 아이디어뿐이다. 다시 말해, 오늘의 DIY가 내일의 'MADE IN KOREA'가 된다.

미국 메이커 운동 생태계의 두 축, 킥스타터와 테크숍

　메이커 운동의 선두 주자인 미국 혁신 생태계에서 양대 축을 맡고 있는 것은 '킥스타터'와 '테크숍'이다.

　애플의 스티브 잡스, 구글의 래리 페이지(Larry Page) 등은 모두 차고에서 창업을 시작했다. 미국에서 차고는 최소한의 비용으로 누구에게도 방해받지 않고 자신의 창작물에 몰입할 수 있게 해주는 공간이다. 이러한 차고 개념에 더해 하드웨어 창업에 특화된 공간이 바로 테크숍(Techshop)이다.

그림 | Techshop

자료 | www.techshop.ws

테크숍은 '창의성 발현을 위한 개방형 제조플랫폼'으로, 지역별로 존재하는 프렌차이즈형 메이커 스페이스이다. 테크숍은 3D 프린터부터 각종 제조설비와 기기, 하드웨어 생산을 위한 소프트웨어를 갖추고 있으며 누구나 월 175달러만 내면 이를 활용할 수 있다. 또 테크숍에서는 연중 다양한 강좌와 교육 프로그램이 개최돼 하드웨어 창업에 실질적인 도움을 받을 수 있다. 물론 어려운 3D 프린팅 방법도 배울 수 있다. 테크숍은 실리콘밸리 지역에서 태동해 전국으로 퍼져 나가며 매년 800%의 성장을 경험하고 있다.

최근 자동차 분야의 포드는 회사의 혁신문화를 일으키기 위해 1,000평 규모의 메이커 스페이스로 자사 근처에 테크숍 설립을 요구했으며, 이로 인해 포드사의 특허건수가 4배가 뛰었다. 특히, 비연구 조직 직원들이 테크숍에 와서 직접 만들고 싶은 꿈을 이뤄 나가며 유발하는 특허 건수가 많았다고 한다.

테크숍 이용자의 상당수가 이용한다는 킥스타터는 한국에도 널리 알려져 있다. 공식적으로 킥스타터는 8개국에서만 허용이 되고 한국에는 허용이 되지 않지만, 한국인도 이미 10회 이상 킥스타터에서 성공적인 펀딩을 경험했다. 현재는 미국의 에이전시를 고용해 그들의 미국 계좌를 활용해야 하며 그들의 마케팅 파워에 의존해야만 성공적인 펀딩을 할 수 있다. 2,300만 원대의 초기 수임료와 성공 보수로 모금액의 15%를 줘야 한다. 하지만 그리 아까워만 할 일도 아니다. 혁신 제품은 마진율이 40%까지도 가능하고, 특히 한국 크라우드 시장의 대략 100배 이상이고 더 나아가 전 세계 40여 개국에서 러브콜을 받게 되기 때문이다. 예전 같으면 주요 해외 행사에 비싼 돈과 시간을 들여 나가서 일주일 이상 고생해도 몇 개국 주문을 받기가 어려웠지만, 이제는 앉은 자리에서 수십 개국, 많게는 100개국 이상에서 주문이 들어올 수 있게 된 것이다.

Section 3.
혁신 생태계에 적응하라

Chapter1 '상상할 수 있으면 만들 수도 있는' 혁신 생태계
Chapter2 메이커 운동(Maker's Movement)
Chapter3 아이디어와 자금의 플랫폼, 크라우드펀딩
Chapter4 하드웨어 엑셀러레이터

Hardware
Startup

크라우드펀딩과 하드웨어 투자

미국항공우주국(NASA)에서 열을 동시에 균일하게 전달하는 신소재 개발에 참여했던 한 한국인 과학자가 아내가 밥을 자주 태우는 것을 보고는 냄비를 자신이 개발에 참여했던 소재로 만들 생각을 했다. 그런데 음식을 쉽게 태우지 않는 상품을 만들 수 있다는 아이디어는 좋았으나 막상 사업화에는 실패했다. 우리나라 금융기관이 전년도 사업 실적과 담보 물건을 제출해야만 자금을 빌려 주기 때문에 충분한 자금을 구할 수 없었기 때문이다.[24]

이처럼 우리 주변에는 분명히 성공할 것 같은 아이디어인데도 자금이 없어서 사장되는 경우가 허다하다. 기술이 확실하니 수익이 눈앞에 뻔히 보인다 싶은데도, 투자자를 못 찾아 기회를

---

24) 3대 불가사의 중 하나라는 '창조경제'의 활로(조선일보, 2013.11.26.)

놓치는 경우도 무수히 많다. 이런 어려움을 해결해 주는 것이 바로 크라우드펀딩(Crowd Funding)이다.

크라우드펀딩은 앞서 설명한 것과 같이 특정 활동을 위해 필요한 자금을 인터넷 또는 온라인 중개자인 크라우드펀딩 플랫폼을 통해 불특정 다수에게 모으고 이익을 공유하는 것을 의미한다. 크라우드펀딩은 대중으로부터 아이디어, 피드백, 해결책을 얻어 활동하는 '크라우드소싱(Crowd Sourcing)'에 뿌리를 두고 있으며, 특히 공유와 참여를 중시하는 대중으로부터 자금을 모으는 것이 목적이다.

그림 | 크라우드펀딩 흐름도

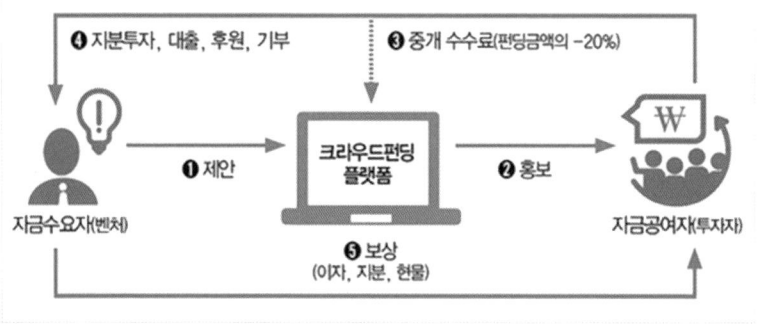

자료 | 매경이코노미

크라우드펀딩은 플랫폼, 즉 중계 사이트에서 온라인을 통해 진행하거나 사업계획을 등록해 불특정 다수의 일반인에게 기부 형식으로 자금을 모으는 방식으로 진행되므로 소셜펀딩(Social Funding)이라고도 할 수 있다. 크라우드펀딩에 참여하는 일반인 투자자들의 경우, 소액으로 투자에 참여하기 때문에 투자금

회수에 대한 위험 부담이 크지 않다는 점이 장점이다. 이런 투자자들은 자본 투자가라기보다는 서포터즈에 더 가까운데, 이들이 실리콘밸리의 창업과 혁신에 숨은 주역들이라고 봐도 좋을 것 같다.

이제 멋진 제품에 열광하는 전 세계의 얼리 어답터(early adopter)들을 흥분시킬 수 있는 제품이라면 군중의 힘을 통해 얼마든지 투자금을 확보할 수 있다. 회사의 지분을 투자자에게 넘겨주지 않으면서 미래고객층까지 확보하는 효과까지 얻을 수 있다. 다시 말해, 크라우드펀딩을 통해 기업가는 새로운 자금원 확보, 잠재고객 및 사용자와의 연결고리 마련, 프로젝트 진행에 앞서 사업 아이디어를 사전 검증할 기회 획득이라는 이점을 기대할 수가 있는 것이다.

또 크라우드펀딩은 기간 제한, 규모 제한, 대상 제한이라는 금융의 3대 한계를 극복하고, 집단지능의 플랫폼 안에서 자금의 수요자와 공급자가 직접적으로 연결되어 금융혁명을 이끌고 있다.

최초의 크라우드펀딩은 개인 대출형 서비스인 2005년 영국의 조파닷컴이며, 당시 P2P펀딩, 소셜펀딩 등으로 불리다 2008년 미국에서 최초의 후원형 플랫폼인 인디고고가 출범하면서 '크라우드펀딩'이라는 용어가 자리 잡았다.

크라우드펀딩은 크게 후원형, 지분투자형, 대출형, 기부형 등 네 가지로 나뉜다.[25] 후원형 크라우드펀딩은 음악, 예술, 만화,

---

25) 경제협력개발기구(OECD)는 ① P2P(개인 대 개인) 대출형 ② 기부 또는 보상 기반의 자금 제공형 ③ 지분 투자형(증권형) 세 가지로 분류하고 있다.

공예, 댄스, 디자인 등 수만 가지 프로젝트가 있으며, 온라인 이용자들의 후원을 통해 목표 금액을 달성할 때 프로젝트가 성공하는 방식으로 지원된다. 프로젝트가 성공하면 금전적 이외 보상을 제공하기 때문에 보통 음악, 공연, 예술, IT 분야에서 활성화되고 있다.

지분투자형(증권형) 크라우드펀딩은 신생 벤처기업이나 소자본 창업자를 대상으로 엔젤투자자와 같이 자금을 지원하는 방식이다. 투자 금액에 비례한 지분을 취득해 수익 창출과 더불어 벤처기업의 지원을 목적으로 이뤄지고 있다. 이 같은 방식은 기술은 있지만 자금이 부족했던 벤처 창업자들에게 가장 좋은 형태의 투자 조달 방법이라고 할 수 있다.

대출형 크라우드펀딩은 소액 대출을 통해 개인 혹은 개인사업자가 자금을 지원받고 원금과 이자를 다시 상환해 돌려주는 방식이다. 돈을 주고받는 주체가 개인과 은행에서 개인과 다수의 개인으로 바뀌었다는 점 빼고는 일반 대출과 크게 다르지 않다. 마지막으로 기부형 크라우드펀딩은 후원형 크라우드펀딩과 달리 보상을 조건으로 하지 않고 순수한 기부 목적으로 지원하는 방식이다.

전 세계적으로 크라우드펀딩 시장은 급팽창하고 있다. 미국 리서치회사 매솔루션(Massolution) 조사에 따르면 전 세계 크라우드펀딩 규모는 2013년 61억 달러에서 2014년 162억 달러로 167% 증가했고, 2015년에는 112% 늘어난 344억 달러를 기록했다.

그림 | 세계 크라우드펀딩 규모

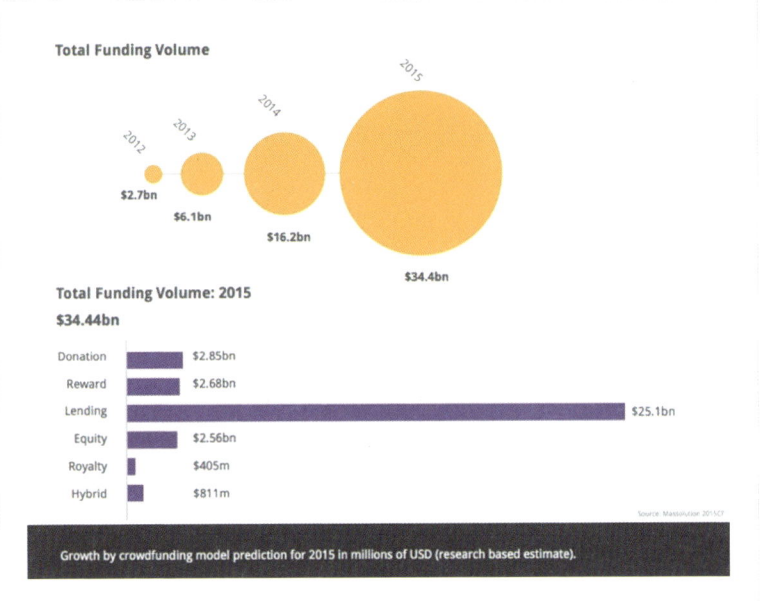

자료 | Massolution(2015)

특히 최근 아시아 지역에서의 성장세가 가파르다. 2014년 아시아에서의 크라우드펀딩 규모는 2013년 대비 320% 증가했는데 2015년에도 역시 전년 대비 210%의 증가를 기록했다.

크라우드펀딩은 일정 부분 투자와 후원이 공존하는 방식으로, 돈을 필요로 하는 쪽에서는 기회를 얻을 수 있고, 투자자에게도 금액이 크지 않은 만큼 위험성이 작다는 장점을 갖고 있어, 점점 더 규모가 커질 것으로 보인다. 월드뱅크의 경우 2025년까지 전 세계 시장 규모를 95조 달러(약 10경 5천억 원)로 예상하고 있다.

그림 | 지역별 크라우드펀딩 규모

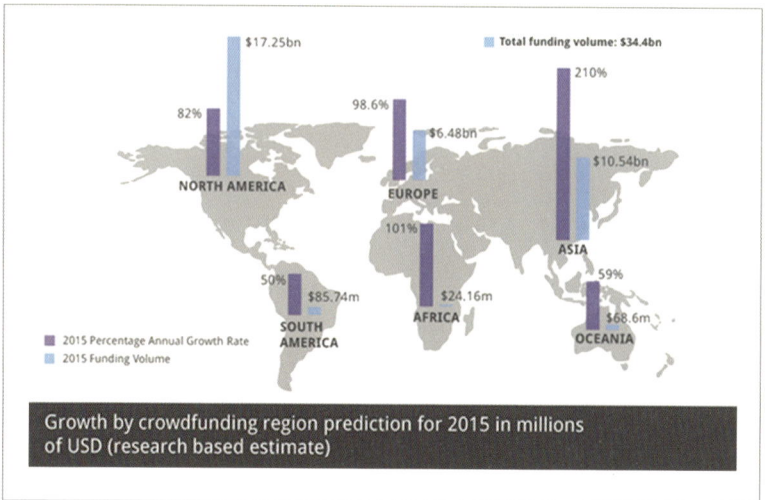

자료 | Massolution(2015)

    4차 산업혁명을 이끌어가는 대표적인 하드웨어 스타트업인 아이폰과 페블(pebble)[26], 가상현실기기 오큘러스 리프트(Oculus Rift)[27], 안드로이드 운영체제로 작동하는 게임기 오우야 등 제품을 비롯해 인력으로 나는 헬리콥터, 수륙양용 자동차 호버리안 크래프트 등이 알리바바나 킥스타터 같은 전문 크라우드펀딩 업체를 활용해 하드웨어 창업에 성공했다는 점을 고려하면 스타트업의 크라우드펀딩 활용은 더욱 더 활성화 될 전망이다.

---

26) '기발한 스마트워치를 만들겠다는 아이디어'를 벤처투자자에게 설득했으나 번번이 거절당했으나 2012년 크라우드펀딩으로 68,929명으로부터 $10,266,845를 모금했다.

27) 초기에 제정신이 아닌 것으로 취급되거나 주류 투자자들이 비웃는 아이디어였다. 그러나 9,500명 이상의 후원자들이 이들의 아이디어를 믿었고 총 240만 달러의 투자 유치에 성공했다.

한국의 크라우드펀딩 현황

크라우드펀딩으로 성공하는 실리콘밸리의 기업들이 늘고 있는 이 시점에서 우리 한국은 어떤지 돌아보지 않을 수 없다.

국내에서도 몇몇 하드웨어 분야 크라우드펀딩이 "협업을 하여 성공할 수 있다"는 가능성을 보여 주었다. 미아방지 웨어러블인 리니어블, IT 융합 교구 비트브릭 등이 크라우드펀딩의 대표적인 성공 사례이다.

2011년부터 본격적으로 성장하고 있는 국내 크라우드펀딩 시장은 2015년 7월 크라우드펀딩법이 국회에 통과됨에 따라, 국내 하드웨어 스타트업의 활성화에 대해 기대를 모았다. 크라우드펀딩 법안이 통과되면서, 소액의 다수투자자를 온라인으로 모집해 스타트업과 벤처기업에 투자하는 것이 쉬워졌기 때문이다.

국내의 주요 크라우드펀딩 중개 사이트

텀블벅(www.tumblbug.com)

가장 잘 알려진 국내 소셜펀딩 사이트로 미술, 만화, 무용, 디자인, 패션, 영화, 요리, 음악, 출판 등 다양한 분야의 프로젝트 1천여 개가 등록되었는데, 대부분 후원형이다.

굿펀딩(www.goodfunding.net)

창의적인 생각과 열정을 가진 모든 이들의 꿈을 실현시킨다는 취지의 후원, 리워드형 중개 플랫폼이다. 영화 연평해전, 또 하나의 가족, 26년 등의 프로젝트를 진행했다.

오픈 트레이드(opentrade.co.kr)

개인 및 개인사업자를 위한 소액 대출 크라우드펀딩이다. 생활자금, 의료비, 개인사업 자금 등을 신청할 수 있다.

인크(www.yinc.kr)

스타트업을 위한 투자형 크라우드펀딩으로 비상장 창업기업에 투자를 할 수 있고 기업 성장 과정에 참여가 가능하다. 높은 수익을 올릴 수 있는 반면 원금 손실 가능성도 존재한다.

와디즈(www.wadiz.kr)

리워드형 크라우드펀딩과 투자형 크라우드펀딩을 아우르는 국내 최고의 크라우드펀딩이다. 국내 방송국 SBS와 함께 "투자자들"이라는 프로그램에 참여해 인지도를 높였다.

하드웨어 스타트업과 관련된 대표적인 크라우드펀딩 업체

로는 기부형 크라우드펀딩 기업의 오픈 트레이드(opentrade. co.kr), 오퍼튠(opportune.co.kr), 후원형의 굿 펀드(good-funding.net), 와디즈(wadiz.kr), 텀블벅(tumblbug.com), 유캔펀딩(ucanfunding.com) 등이 있다.

국내의 크라우드펀딩 사이트들은 한국 크라우드펀딩 기업협의회(kcfps.org)를 통해 조회할 수 있다.

그림 | 국내 크라우드펀딩 관련 대표 기업들

2016년 들어 증권형(투자형) 펀딩을 허용하는 '자본시장과 금융투자업에 관한 법률'이 시행돼 개인이 일정 지분을 투자의 보상으로 조달 받는 것도 가능해졌다.

한국예탁결제원 크라우드넷(www.crowdnet.or.kr)에 따르면 증권형 크라우드펀딩이 본격적으로 도입된 2016년 한 해 동안의 실적이 334억여 원에 달한다. 펀딩에 성공한 사례는 총 231건 가운데 약 114건에 이른다.

그림 | 크라우드펀딩 1년 발행금액 추이

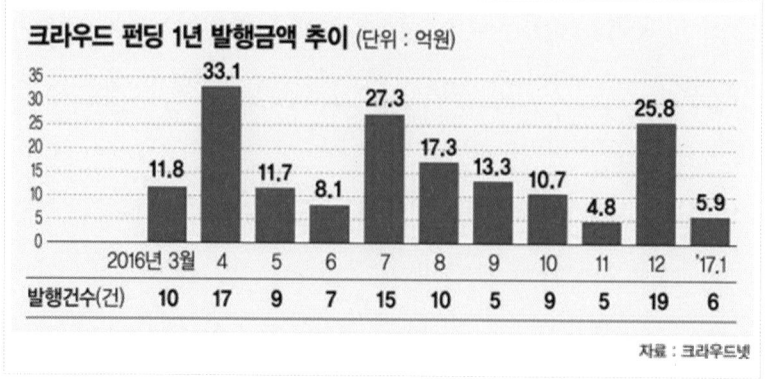

Section 3. 혁신 생태계에 적응하라

Chapter1 '상상할 수 있으면 만들 수도 있는' 혁신 생태계
Chapter2 메이커 운동(Maker's Movement)
Chapter3 아이디어와 자금의 플랫폼, 크라우드펀딩
Chapter4 하드웨어 액셀러레이터

Hardware
Startup

하이웨이원(Highway1)

하드웨어 엑셀러레이터는 성장 가능성이 있는 하드웨어 기업을 발굴하여 이들이 생산부터 유통까지, 일련의 과정을 잘 수행하도록 돕는 인큐베이터를 말한다. 하드웨어 스타트업의 공모를 받고 그 중 잠재력 있는 그룹을 선별한 후 인큐베이팅 프로그램을 통해 아이디어 정립, 제조, 생산, 유통, 판매, 조달, 재무, 네트워킹 등의 서비스를 제공하여 스타트업 기업 아이디어가 시장 제품으로 출시되기까지의 과정을 가속화하는 역할을 한다.

대표적인 엑셀러레이터 기업으로는 하이웨이원(Highway1), 헥스(HAX, 구 헥셀러레이터), SEEED 스튜디오 등이 있다.

그림 | 하드웨어 엑셀러레이터

하이웨이원은 PCH International이 하드웨어 창업을 소프트웨어만큼이나 쉽게 하겠다는 취지로 2013년 6월에 설립한 하드웨어 스타트업 엑셀러레이터 기업이다.

PCH International은 아일랜드 기업가인 리암케이지(Liam Casey)가 1996년 중국 심천에 창업한 세계적인 서플라이체인 서비스 제공 기업으로, 제조, 상품 기획, 포장, 재고 관리, 유통 등의 서플라이체인을 일괄적으로 서비스로 제공하는 회사이다.

PCH International은 심천과 샌프란시스코에 이노베이션 허브를 만들어 글로벌 하드웨어 혁신을 이끌고 있으며 한국, 홍콩, 일본에도 사무소가 있다. 현재 심천을 기반으로 축적된 지식과 경험, 넓은 네트워크를 제공해 참신한 아이디어를 가진 예비 창업가의 성공적인 시장진입에 핵심적인 도움을 주고 있다. 2014년 기준 매출 10억 달러를 달성하고 이들이 다루는 연간 제품의 소매 가치는 8조 달러, 2,600명의 임직원들이 있으며

1,000개 이상의 공급원들을 네트워크로 형성하고 있다. 심천 내 100여개의 제조사와 협업을 통해 연간 1억 4천 달러의 B2C 비즈니스와 40억 달러 규모의 B2B 비즈니스를 수행하고 있다.

하이웨이원은 킥스타터에서 성공한 프로젝트들의 도우미 역할을 함고 있으며, 최대 5만 달러의 투자를 지원하고 그 지분으로 4~7%의 주식을 확보한다.

페블은 하이웨이원과 PCH International가 어떻게 유기적으로 연결되는지 잘 보여주는 사례다. 킥스타터에서 펀딩에 성공한 페블은 단 몇 명의 팀이 만든 스마트워치이지만, 소니가 개발한 스마트워치를 뛰어 넘어 1,000만 달러 이상의 자금을 조달했다. 원래 10만 달러를 목표로 했지만 예상 이상으로 주문이 쇄도한 것이다. 이때 페블 시계(Pebble Watch)는 PCH International을 통해서 제조, 양산 및 유통하였다.

그림 | Highway1의 지원 서비스 모델

자료 | highway1.io

헥스(HAX)

헥스(HAX, www.hax.co)는 실리콘밸리의 투자 시장과 심천의 제조 생태계를 연결하여 하드웨어 스타트업을 육성하는 하드웨어 전문 액셀러레이터로 유명하다. Cyril Ebersweiler과 Sean O'Sullvian에 의해 2011년에 설립되었다. 헥스의 뿌리는 2009년 중국 심천에서 탄생한 엑셀러레이터 프로그램인 'CHINA - AXLR8R'으로, 스타트업 기업에게 2만 5천~5만 달러를 지원하고 멘토링을 제공하였다.

스타트업에 초기자금과 컨설팅을 전문적으로 제공하고 제조업에 특화된 프로그램을 운영 중이며, 심천과 샌프란시스코에 사무실 및 창업 공간을 갖고 있다. 최근에는 커가는 스타트업들의 니즈에 대응하기 위해서 마케팅을 돕고 CES에 전시할 수 있도록 지원하는 HAX Boost 프로그램도 지원하고 있다.

헥스의 파트너인 시릴, 벤자민, 던컨은 중국에서 6년 가까이 하드웨어 스타트업에 필요한 투자부터 제조, 유통 파트너 구축 등 내부 스타트업들에게 실무적인 파트너십을 구축하도록 도움을 주고 있다.

또한 매년 상·하반기 2번에 걸쳐 배치 프로그램을 운영하며 매회 10~15팀이 참가한다. 국내에서는 최초로 안드로이드형 모바일 체외진단기를 개발하는 BBB팀이 헥스 배치 프로그램에 선정된 적이 있다.

그림 | 중국의 하드웨어 엑셀러레이터, 헥스

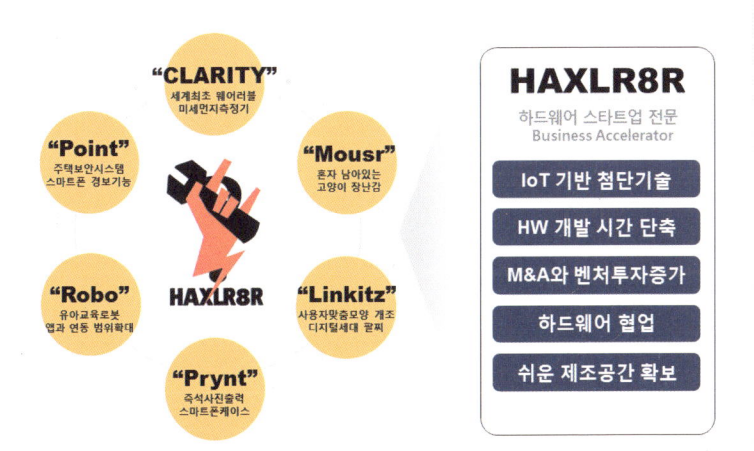

자료 | Platum.kr

헥스가 육성하고 있는 대표적인 하드웨어 스타트업으로는 스마트폰으로 경보 가능한 주택 보안 시스템을 개발하는 'Point', 세계최초 웨어러블 미세먼지 측정기 'Clarity', 혼자 남아있는 고양이를 위한 장난감인 'Mousr', 유아교육 로봇 앱과 연동할 수 있는 'Robo', 사용자 맞춤 모양 디지털 세대 팔찌인 'Linkitz', 즉석에서 사진을 출력할 수 있는 'Prynt' 등이 있다.

하드웨어 엑셀러레이터들도 크라우드펀딩을 활용하고 있다. 헥스는 선발된 팀들의 비즈니스 전략을 검토하고, 수정을 거쳐 시제품이 완성되면 공급망 확보 및 마케팅 등을 위해 크라우드펀딩을 진행한다. 대표적인 성공 케이스는 Prynt(프린터 기능의 스마트폰 케이스)로, 참여자 9,023명, 모금액 1,576,011달러를 달성하며 대성공을 거두었다. 이것은 헥스의 크라우드펀딩 프로젝트 역대 신기록으로, 인큐베이팅 프로그램의 효과를 입증했다.

SEEED 스튜디오

　SEEED 스튜디오는 원래 공장형 제조기업이다. 2008년에 설립된 이 회사는 제품 양산에서부터 개발·디자인(Design from Manufacturing)을 지향하며 최소 10개부터 1만개까지 주문자가 원하는 생산 가능하며, 이에 따라 하드웨어 스타트업들이 저렴하게 이용하는 장소이다. 대량 주문에 대해서는 폭스콘(Foxconn)[28]등 대량 공정에 특화된 곳에 연결시키는 중개자 역할도 수행하면서 동시에 하드웨어 엑셀러레이터의 장점을 갖추고 있다.

---

[28] 대만 기업인 홍하이의 상호이자 자회사. 현재는 홍하이와 폭스콘이라는 사명을 병행해서 쓰고 있다. 1997년부터 애플의 부품을 생산하면서 2004년 이후 EMS(위탁기업을 대신해 부품구매, 조립, 생산, 테스트, 배송까지 제공하는 서비스, Electrical Manufacturing Service) 세계 1위의 자리를 차지하고 있다.

그림 | SEEED의 스튜디오

오픈소스 하드웨어로 제작한 다양한 부품들 전시

시드스튜디오 오피스 내 세일즈/마케팅 팀 공간

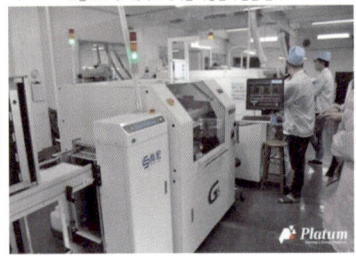
동일 건물 4층에 마련된 PCB 제조 공장

2층 엔지니어팀 사무실 (레이저 커팅기 등 프로토타입 제작에 필요한 각종 장비 완비)

자료 | Platum.kr

잉단(IngDan)·플렉트로닉스(Flextronics)·
Y-콤비네이터(Y-Combinator)

잉단(硬蛋, IngDan)은 중국 광동성의 최대 하드웨어 오픈소스 플랫폼이다. 잉단은 Cogoboy라는 중국 전자부품 유통기업에서 출발한 하드웨어 제조 플랫폼으로, 하드웨어 IT 기업들에게 중국 광동성의 부품 및 조립 공장들을 신속하게 연결해주는 Supply Chain Service를 제공한다. 사물인터넷의 혁신적인 플랫폼을 지향하면서 헥스나 하이웨이원에 못지않게 하드웨어 스타트업을 지원하고 있다. 2천 여 개의 IoT 기업, 3천 개의 부품 공장, 200만 명의 관계자가 플랫폼을 구성하고 있다.

세계 2위 전자 제품 위탁 생산(EMS) 업체이자 실리콘벨리의 하드웨어 엑셀러레이터인 플렉스트로닉스(Flextronics)는 미국

캘리포니아의 밀피타스에 위치하고 있으며, 시장 판도를 바꿀 만한 파괴적인 기술을 갖춘 초기 단계의 하드웨어 및 소프트웨어 기업들을 유치하고 있다. 특히 플렉트로닉스가 만든 랩 나인 (Lab IX)은 스타트업들에게 사무실 및 작업 공간, 설계 및 엔지니어링 지원, 플렉트로닉스의 글로벌 공급망과 제조 전문지식에 대한 액세스를 제공 중이다. 지역과는 상관없이 세계 각국의 스타트업에 투자를 해왔으며 현재 미국, 이스라엘, 중국, 한국, 일본, 중국 등에 있는 스타트업들을 검토하여 엑셀러레이팅을 진행 중에 있다.

현재 랩나인은 새로운 하드웨어 에코시스템을 구축하는 중이며, 하드웨어 스타트업에만 주로 투자를 하고, 투자한 기업에는 초기 프로토타입 생성에서 대량 제조에 이르기까지 상업화를 위한 실무적인 지침을 제공하고 있다. 2015년 플렉트로닉스는 SK텔레콤 이노베이션센터와 협력 관계를 맺고 SK와 함께 창조경제혁신센터를 통하여 대전에서의 창업활성화와 기업육성을 보조하고 있다.

교육 및 네트워킹 플랫폼의 대표적인 사례인 Y-콤비네이터 (Y-Combinator)는 창업자들의 멘토 역할을 하면서 자금 지원도 해주는 단체다. 매년 43개 스타트업을 대상으로 벤처창업 캠프를 지원하고 사업 멘토링을 제공한다. 우수 팀을 대상으로 자금 지원도 병행하고 있다.

그림 | 미국 하드웨어 엑셀러레이터 플렉트로닉스(Flextronics)

한국의 엑셀러레이터

실리콘벨리처럼 물론 한국에도 엑셀러레이터들이 존재한다.

서울 역삼의 대표 HW 엑셀러레이터인 액트너랩[29]이 있다. 액트너랩의 경우, IoT 시대를 맞아 하드웨어 스타트업의 필요성을 절감하고 설립한 HW 스타트업 육성기관이다. 하드웨어 기반 스타트업들이 글로벌 기업으로 성장할 수 있도록 돕는 글로벌 하드웨어 스타트업 엑셀러레이터가 되는 것을 목표로 하고 있다.

액트너랩은 웨어러블, 사물인터넷, 커넥티드카, 헬스케어, 휴먼인터페이스 등 다양한 미래 하드웨어 산업분야의 업계 리더들 및 국내외 대학 연구기관과 파트너쉽을 통해 스타트업들이 제품

---

29) www.actnerlab.com

개발 초기 단계부터 관련 업계 및 학계와 동반 성장을 할 수 있도록 테스트베드 환경 및 멘토링 기회를 제공하고 있다. 또, 랩나인과의 제휴를 통해 실리콘밸리 연계 진행 및 무료 연수, 국내외 투자 유치 및 제휴 활동지원, 청년창업지원, 무료 사무공간도 제공하고 있다.

그림 | 액트너랩의 협동 모델

자료 | www.actnerlab.com

스타트업들이 3D 프린터, 레이저 절단기, 주물기계 등 다양한 디지털 제작 장비를 사용하여 시제품을 직접 제작해볼 수 있는 오픈 하드웨어 플랫폼을 제공하고 있으며, 시제품 제작 과정에 필요한 교육 및 컨설팅을 지원하고 있다.

2012년 8월 창업한 국내 최초의 IoT플랫폼 전문 기업 매직에코(http://magice.co)도 대표적인 하드웨어 엑셀러레이터이다. 삼성에서 임베디드, 모바일, 클라우드 시스템을 개발하던 개발자와 미래기술 비즈니스 전략가들이 모여 만든 것이다.

이들은 IT 하드웨어 소프트웨어 기술력을 바탕으로 기존 국내 제조업체와 협업해 소비자를 위한 다양한 제품을 만들고 있다. IoT PaaS(Platform as a Service) 플랫폼이자 IoT 개발도구인 '토스터'를 만들어 이를 응용한 첫 번째 제품인 IoT 조명기구 '루미스마트(LumiSmart)'를 개발했고, 2012년에는 미래창조과학부로부터 글로벌 K스타트업 우수상 수여 10억 원 규모의 정부 과제를 진행하고 있다.

매직에코의 강점은 W3C[30] 같은 글로벌 웹 표준화단체에서 논의 중인 IoT 표준에 맞춰 개발자들이 사용할 수 있는 플랫폼을 만들었다는 점이다. IoT는 임베디드, 모바일, 웹 기술이 융합돼 사용자를 위한 서비스를 만드는 것으로 기존 제조업에 접목하면 경쟁력을 끌어올릴 수 있다고 강조하고 있다.

최근 용산전자상가에 새롭게 문을 연 엔피프틴(N15) 역시 초기 단계의 하드웨어 스타트업을 집중적으로 발굴, 투자, 육성하고 있으며 활발한 지원을 하고 있다. 엔피프틴은 시제품 제작 전문 서비스 PROTO X, 대기업과 스타트업을 잇는 OPEN INNOVATION PLATFORM, 제조창업 문화 활성화를 위한 MAKER MOVEMENT 사업을 통해 빠르게 성장하고 있다.

---

30) 월드와이드웹 컨소시엄으로 1994년 10월 월드와이드웹(WWW)의 창시자인 팀 버너스 리를 중심으로 창립됐다. 웹의 빠른 발전에 따른 신속한 표준안의 제정과, 이를 많은 회사들과 연구기관에서 서로 공유하게 하여 정보화의 세상을 위한 하부구조로서의 웹의 기술적, 사회적 확산을 위해 창립된 국제적인 웹 표준화 단체다.

Section 4. 지식 재산권으로 가치를 높여라

Chapter1 뉴 하드 전략과 집단지능
Chapter2 O2O(Online to Offline) 서비스 전략
Chapter3 하드웨어 스타트업을 위한 비즈니스 모델

Hardware
Startup

플랫폼과 하드웨어 차별화의 만남

4차 산업혁명은 하드웨어와 소프트웨어를 융합하는 혁명이라는 점에서 뉴하드 전략이 등장한다.

앞서 얘기한 것처럼 뉴하드 시대를 연 애플의 경쟁력은 세련된 디자인 완성도와 UI/UX가 아니다. 앱스토어와 아이튠즈(iTunes)라는 거대 플랫폼과 더불어 하드웨어를 기반으로 구축한 각종 특허 방어벽이다. 삼성과 같은 하드웨어 제조 후발주자들이 여전히 애플의 기록적인 수익률을 넘을 수 없는 것은 애플의 하드웨어와 플랫폼을 결합한 진입장벽이 그만큼 탄탄하다는 것을 입증한다.

그림 | 애플의 뉴 하드 전략

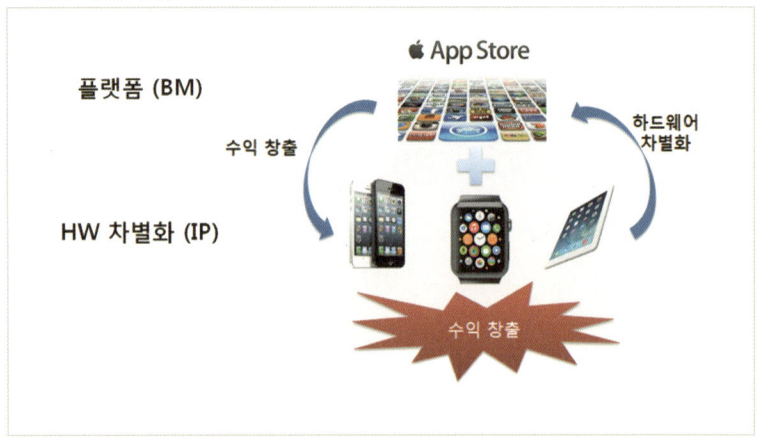

　제품(iPod, iPhone)과 서비스(iTunes)의 통합 생태계를 구축한 애플의 성공 이후, 세계적인 제조 기업들은 단순히 제조업에서 가치를 내려하지 않고 무형 자산 중심, 서비스가 중심이 된 사업을 진행하고 있다. 예를 들어 GE는 사업 포트폴리오를 금융, 헬스 케어, NBC 유니버설 등의 서비스 중심으로 재구성하였고, SONY는 게임, 영화, 금융 등의 서비스에 중점을 두고 있다. 소니의 2008년 서비스 매출 비중은 28%에 이른다. Xerox사는 복사기 제조 위주에서 문서 관리 시스템 기업으로 탈바꿈하였고, HP는 'Selling Products'에서 'Selling Services' 기업으로 전환했다.

　샤오미를 비롯한 하드웨어 후발주자들 역시 애플의 전략을 벤치마킹하고 있다. 차별화된 하드웨어에 플랫폼을 추가하여 확고한 차별화 전략을 구축하기 시작한 것이다. 샤오미는 차별화된 샤오미 스토어 내에 원가 경쟁력을 가미하여, 저가 웨어러블 디바이스인 미밴드(Mi-Band), 블루투스 스피커, 원격 카메라, 스마트 카메라 등 다양한 IoT 기반 제품들을 출시하고 있다. 가전 온도 조절 장치 서모스탯(Thermostats)을 개발한 네스트는 구글에 인수된 뒤에도 통합 홈케어 플랫폼을 바탕으로 가전 기기들을 하나로 연결하고 통제할 수 있는 서비스 플랫폼을 개발하고 있다. 스퀘어는 스마트 디바이스 기반 카드 결제 단말기를 개발하고, 향후 도래할 핀테크 시장에서 사용될 수 있는 다양한 기술들을 접목한 제품을 개발 중에 있다.

표 | 후발주자들의 뉴 하드 전략

	하드웨어 차별화	BM 플랫폼
샤오미	샤오미 미밴드를 비롯한 다수의 저가 IoT 제품을 출시하고 있음	샤오미 스토어를 운영하면서 수익을 창출하고 있음
네스트	가전제품의 IoT에 따른 기존 홈케어 관련 서비스와 연계될 수 있는 하드웨어 개발	가전제품의 IoT에 따른 연동에 기반한 다양한 가치를 창출함
고프로	휴대성을 기반으로 한 기발한 영상기기를 개발하고 이를 IoT를 통한 결합으로 이끌어내도록 함	클라우드 이미지 서비스와 관련된 융합 플랫폼 출시 예정 중

강조하건대, 현재의 하드웨어 창업은 과거의 제조업과 근본적으로 달라졌다. 기본적인 것은 공유가치를 기본으로 하는 오픈소스 하드웨어 등의 집단지능으로 해결하고, 시장 차별화에 기술의 차별화를 배가해 핵심역량을 강화하는 전략이 필요하다. 이것이 새로운 하드웨어 즉 '뉴 하드(New Hard)' 산업에 맞는 창업인 것이다.

그림 | 뉴 하드 시대의 도래

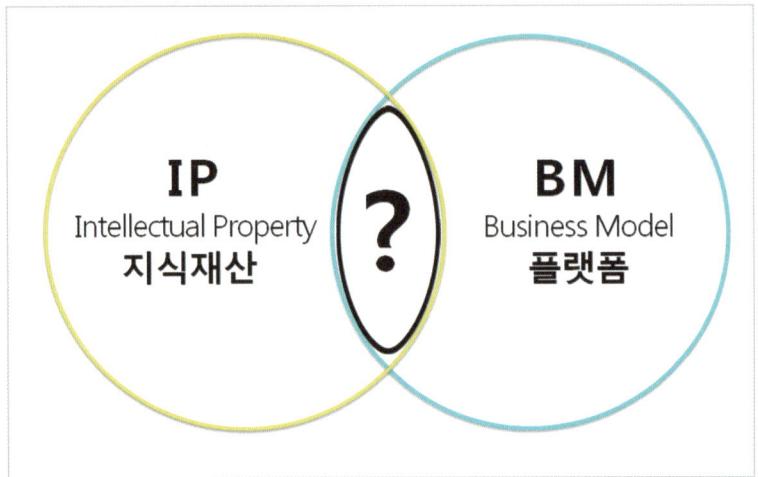

PSS(Product Service System)의 등장

뉴 하드 시대의 시작과 더불어 제품의 차별화를 만들어내는 중요한 요소로 자리매김하고 있는 것이 '제품의 서비스화(PSS; Product Service System)'이다. 조금만 관심을 갖고 본다면 우리 주변의 전자, 자동차, 기계, 엔진, 엘리베이터, 의료기기 등 제조업 전 영역에서 이런 현상을 확인할 수 있다.

글로벌 경제위기 이후 많은 산업들이 어려움을 겪었지만, 가장 부침이 심한 산업이 건설과 중장비 사업이었다. 그러나 이런 세계적 흐름과 다르게 중장비 분야의 세계 1위였던 캐터필러와 2위인 코마츠는 견고한 실적을 보였다.

건설사는 하루라도 장비가 고장 나면 막대한 손실은 입으므로, 캐터필러와 코마츠는 기계에 부착된 센서를 통해 장비 상태를 분석하고 사전에 장비를 관리하는 Before Service를 시행한 것이다. 그 결과 중장비 기계의 최적화를 이루면서 작업의 효율이 증가했고, 캐터필러와 코마츠는 견고한 실적을 내게 됐다.

독일의 남부 암베르크에 위치한 지멘스의 EWA(Electronics Works Amberg)는 매일 5천만 건의 정보를 수집하고 이를 통해 자동으로 작업지시를 내린다. 제품의 불량률은 0.001%, 즉 10만 개의 제품 중 한 개 꼴로 매우 낮은 수준이다.[31] 에너지 소비도 기존 공장보다 30%나 낮으며, 제품수명주기관리 소프트웨어를 통해 성공적으로 End to End를 실현시켰다. 지멘스는 제품의 생산만이 아니라 15년 동안 소프트웨어 사업부분을 확대하면서 'Digital Enterprise Software Suite'라는 프로그램을 개발했다. 소프트웨어뿐만이 아니라 IT 인프라를 구성하는 과정에도 관련 장비를 판매하고 있으며, 데이터 관련 플랫폼을 설치를 제안하고 이에 필요한 소프트웨어 센터를 고객에게 제공하고 있다. 지멘스는 다양한 산업과 비즈니스에서 요구되는 제품 및 서비스를 통합해 고객에게 맞춤별 상품과 서비스를 제공한다. 현재 세계 30여 국가, 160개 이상의 R&D 센터를 통해 미래예측과 기술개발의 역량을 키워 다양한 PSS를 제공하면서 영업이익률이 5% 이상 상승하기도 했다.

하드웨어 스타트업은 하드웨어 플랫폼의 차별화를 위해, 반드시 PSS를 통해 제품을 어떻게 서비스화하고 플랫폼 내에 자연스럽게 녹여낼지를 고민해야 한다.

---

31) http://www.elec4.co.kr/article/articleView.asp?idx=12008

그림 | Product Service System의 시대

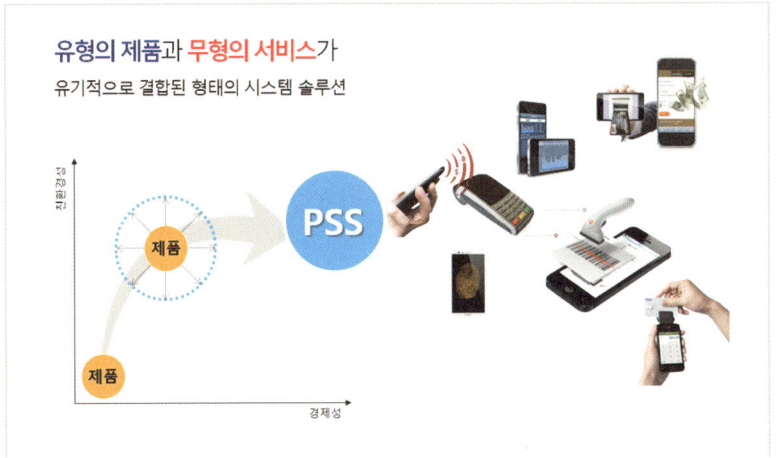

자료 | 포항공대신문

Section 4.
지식 재산권으로 가치를 높여라

Chapter1 뉴 하드 전략과 집단지능
Chapter2 O2O(Online to Offline) 서비스 전략
Chapter3 하드웨어 스타트업을 위한 비즈니스 모델

Hardware
Startup

진정한 O2O 혁명, O2O 서비스

4차 산업혁명은 '현실과 가상이 인간을 중심으로 융합하는 혁명'이라고 정의된다. 그리고 이 정의에서부터 O2O가 융합하는 서비스 전략이 시작된다.

과거에는 사람들이 우체국 하면 반가운 편지를 배달하는 집배원을 떠올렸다. 그런데 요즘은 달라졌다. 업무 빈도에 있어서 택배 서비스가 훨씬 큰 비중을 차지하게 되었다. 이것은 인터넷 확산으로 집으로 배달되는 전자상거래가 일상화된 것과 무관하지 않다.

PC에서 시작된 전자상거래의 혁명은 모바일로 이어지고 5인치의 작은 창으로 우리는 저 멀리 미국 땅에 있는 상품의 선택부터 구매, 결제까지 2분도 채 걸리지 않는 세상을 맞이하고 있다. 아침에 주문하고 저녁에 물건을 받는 것이 당연한 인터넷 세대들에게는 오프라인 매장에서 물건을 고르고 사는 것이 오히려 어색하게 느껴지고 있다. 일상에서 가사 서비스를 부르고, 출장 세차를 부르고, 치킨을 배달시키는 것도 전화 통화가 아닌 스마트폰 버튼 하나로 구매하는 시대다.

2000년대 촉발한 인터넷 혁명으로 오프라인 서비스가 온라인으로 옮겨갔다. 그러다가 2010년대 스마트 모바일혁명으로 모바일(온라인)을 통하여 역으로 오프라인의 제품과 서비스를 강화하게 되었다. O2O는 바로 여기서 시작된 개념이다. 구체적으로는 인간을 중심으로 서비스와 제품 등이 생산·유통·소비되는 온라인과 오프라인 채널이 유기적으로 융합되는 현상을 말한다. 말 그대로 온라인과 오프라인의 경계를 무너뜨리고 서로 연동하는 결합형 비즈니스이며 스마트폰을 이용해 오프라인 매장으로 고객을 끌어오거나 가정 또는 고객이 원하는 어떤 장소라도 다양한 서비스를 제공할 수 있는 패러다임인 것이다. 그러나 이런 서비스를 온·오프라인 유통(O2O Commerce) 정도로 오해해서는 곤란하다. 커머스에서 제품을 사고 팔 수 있는 지속적인 서비스를 온·오프라인으로 융합하는 O2O 서비스가 진정한 O2O 혁명이다. 그리고 이 혁명 속에서 우버, 에어비앤비 등 거대 혁신의 유니콘 기업들이 탄생했다.

과거 PC 네트워크 시대에 서로 분리되었던 두 세계가 모바일 인터넷으로 만나기 시작했고, 이렇게 서로 다른 두 개의 세계가 만나 새로운 O2O 세계를 열어가고 있는 것이다. 음식배달 서비스인 배달의 민족, 택시를 부르는 카카오택시, 모텔 정보를 알려주는 야놀자, 부동산 정보를 알려주는 직방 등이 바로 다양한 O2O 서비스들이다.

그렇다면 하드웨어 스타트업이 O2O 전략을 통해 하드웨어에 어떻게 IP 차별화를 적용할 수 있을까? 먼저 O2O의 본질을 좀 더 깊이 이해해야 한다. 스마트 혁명으로 인해 급속도로 발전한 ICT 기술을 기반으로 시간과 공간(사물)과 인간을 융합하는 것에 O2O의 본질이 있다.

그림 | O2O의 본질, Real World와 Virtual World의 결합

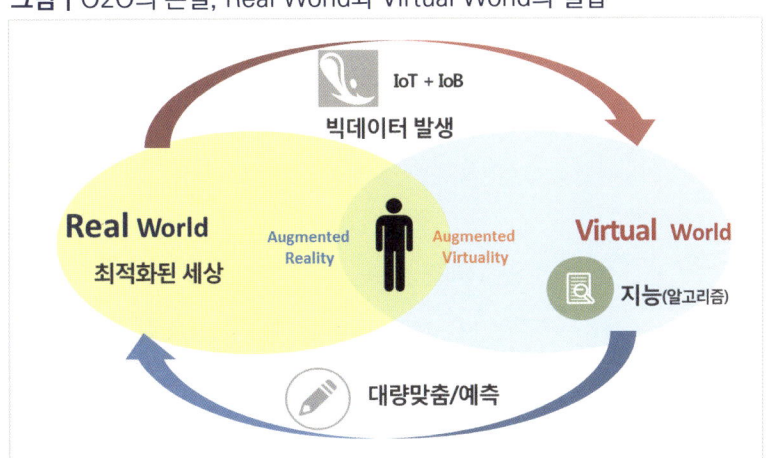

미치오 카쿠는 그의 저서 '평행우주'에서 우리가 살고 있는 우주와 완전히 동일한 또 하나의 우주가 존재한다고 했다. O2O 혁명은 오프라인 세계와 1:1 대응이 되는 평행우주인 온라인 평행 모델을 통해 오프라인이 최적화된다. 그 구체적인 과정을 살

펴보면, 먼저 사물인터넷이 오프라인 세상의 정보를 온라인의 클라우드로 끌어 올려 빅데이터를 만든다. 인공지능이 이를 처리해 예측과 맞춤으로 다시 오프라인 세상의 최적화를 제안한다. 즉 오프라인에서 온라인으로 데이터를 모으는 융합 과정과 온라인에서 오프라인을 최적화하는 과정으로 O2O 평행 모델이 구성되는 것이다.

IoT(Internet of Things)와 IoB(Internet of Body) 등의 결합을 통해 현실세계에서 생성되는 데이터는 가상세계에서 재구축되어 지능을 형성한다. 데이터의 구조화 및 인지 컴퓨팅을 통해 만들어진 알고리즘은 대량 맞춤 및 예측의 기능을 갖추게 되고, 그것이 다시 현실세계를 최적화시킨다. 즉 현실세계와 가상세계는 선순환을 이루게 되는 셈이다.

그림 | 기술의 융합과 O2O 융합

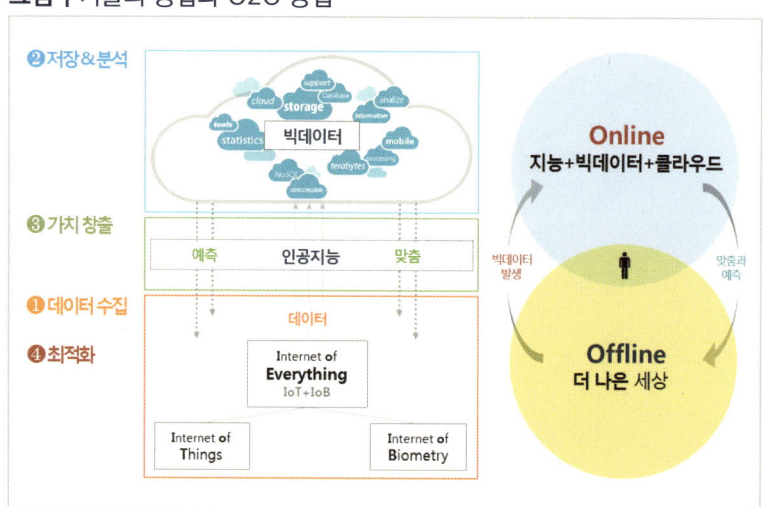

설명이 어렵게 느껴진다면, 내비게이터를 생각해 보자.

내비게이터는 O2O 융합의 대표적인 사례다. 실제 도로와 온라인 지도가 대응되며 실제 차량 위치와 온라인 차량 위치정보가 대응되어 생성된 빅데이터가 인공지능을 통해 최적의 경로와 도착 시간을 예측해 내비게이터에게 알려준다. 즉 평행우주인 온라인 대응 모델을 통해 실제 세계에 예측과 맞춤이라는 가치를 제공하고, 오프라인 세계를 최적화하는 것이다. 그 결과 시간, 에너지, 도로에 대한 효율적 투자를 할 수 있다. 수집한 데이터와 지능의 융합이 만들어 내는 최적화 세상인 것이다.

그림 | O2O 융합의 사례: 내비게이터

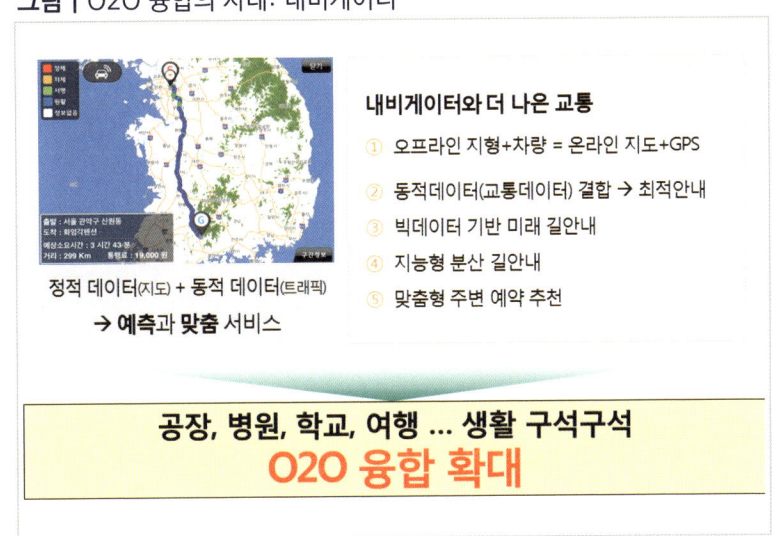

O2O 최적화는 지금 병원, 공장, 여행 등 인간 삶의 모든 분야로 확산되고 있다. GE의 공장, 캐터필러의 중장비, 아마존의 배송, 핏빗의 건강관리 등이 모두 동일한 원리로 구성돼 있다. 이때 하드웨어 스타트업의 확산과 다양한 하드웨어 디바이스에

서 생성된 빅데이터들은 O2O 세상을 촉진시킬 것이다. 그러므로 O2O는 하드웨어 스타트업들이 찾아야 할 새로운 '기회'이다.

O2O 융합을 통한 다양한 시도와 함께 산업의 성장속도도 빨라지고 있다. 그 중 하나가 헬스케어 분야이다. 대표적인 헬스케어 업체는 핏빗(Fitbit)은 핏빗포스에 내장된 첨단 가속도계와 고도계를 활용하여 걸음 수, 이동거리, 칼로리 소모량 등 총 9가지 부분의 개인 고유 데이터를 수집해서 블루투스나 NFC를 통하여 PC나 스마트 디바이스로 동기화되게 만들었다. 핏빗이 제공한 데이터를 바탕으로 더욱 자신의 건강상태에 맞는 일상생활이 가능해지는데, 이를테면 현재 내 몸의 생리 환경에 맞는 수면 시간, 운동 시간과 운동 종류까지 인공지능이 전문 의료진의 처방 이상으로 정확하게 진단하고 제시하게 된다는 것이다. 현재, 국내에서 진행되고 있는 헬스케어 3.0에서도 O2O 융합은 적극 활용되고 있다. 개인별 센서를 통하여 생체 정보를 모니터링하고 분석 데이터베이스를 구축하고, 구축한 데이터를 분석하여 개인들에게 최적화된 통합 건강관리 솔루션 및 서비스를 제공하는 것이다.

그림 | 분야별 혁신: 헬스케어

❶ **데이터 수집** (IoT)
　개인 **생체 데이터** 수집

❷ **저장 & 분석** (CLOUD/BIG DATA)
　개인 생체데이터 **분석을 통한 지시**

❸ **가치 창출** (A.I)
　개인별(보유 질병, 운동량, 수면) **관리**

❹ **최적화** (기술융합)
　개인별 **맞춤 건강관리**

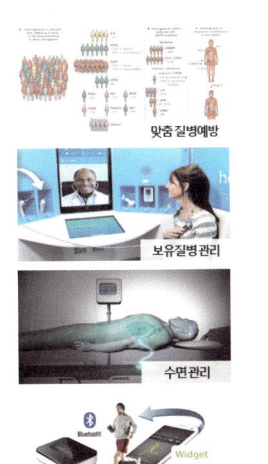

몸에 이상이 생겼을 때에 병원을 찾았던 전통적인 방식의 헬스케어에서, 이처럼 IT 기술을 활용하여 질병을 미리 예측하고 예방하고 스스로 건강을 관리할 수 있게 되는 것은 온라인과 오프라인이 융합하면서 최적의 솔루션을 안내하기에 가능하다. 이 밖에도 많은 이들의 일상생활에서의 O2O 융합은 일어날 것이다.

O2O 융합 사례: 미래 자동차

구글의 자율주행차 시스템도 O2O융합 사례이다.

자동차에 달려있는 센서를 통하여 오프라인 현실세계인 주변의 환경을 감지하면서도로 위 데이터를 수집하고, 자율주행차에서 수집한 데이터는 클라우드를 활용하여 다양한 데이터가 누적되는 한편 온라인 가상세계인 인공지능을 통하여 분석된다. 인공지능은 분석한 데이터를 바탕으로 최적의 경로로 자동차를 운행하도록 안내한다. 즉, 각각의 자율주행차들이 최적화된 경로에서 주행가능 하도록 각각의 자동차에 연결된 인공지능이 도로 위의 모든 차량들이 경로를 조정하는 것이다. 결과적으로 모든 자동차들은 사람이 운전할 때보다 빠르고 안전하게 최적화된 경로에서 주행하게 된다는 의미다. 끊임없이 현실세계를 최적화하는 과정, 선순환이 이루어진다.

❶ **데이터 수집** (IoT)
카메라, 레이더, 라이다, 전방감지 **센서** 등을 이용해 **데이터 수집**

❷ **저장 & 분석** (CLOUD/BIG DATA)
데이터 분석해 **도로 상황 실시간 파악**

❸ **가치 창출** (A.I)
주행 방향 및 속도 **자동 조절**

❹ **최적화** (기술융합)
운전 스트레스 해소 및 이동성 개선

O2O에서 찾는 하드웨어 스타트업의 기회

유니콘(Unicorn) 기업이란 가치가 10억 달러 이상인 스타트업을 말한다. 우리 돈으로 1조 가치가 넘는데, 이런 글로벌 유니콘 기업들이 2010년에는 겨우 30개에 불과했다. 하지만 5년 만에 250개를 넘어섰다. 이제는 100억 달러의 기업가치를 가진 데카콘(Decacorn) 기업이 여럿 나오는 시대다.

과연 그 비결이 뭘까? 바로 '융합'이다. 디지털과 아날로그의 융합인 디지로그(digilog), 사이버와 현실의 융합인 CPS(Cyber Physical System), 제품과 서비스의 융합인 PSS(Product Service System) 등이 그것인데, 이것들을 하나로 묶어 O2O라 부르기로 하자.

O2O 비즈니스란 O2O 서비스 또는 O2O 지원 기술 및 솔

루션 자체로 수익을 창출하는 비즈니스를 말한다. O2O 비즈니스의 주체는 크게 O2O 서비스 업체와 O2O 기술 및 솔루션 업체로 나뉘며, O2O 비즈니스 시장의 형태는 아래의 그림과 같이 확대될 것으로 보인다.

그림 | O2O 비즈니스 시장의 확대

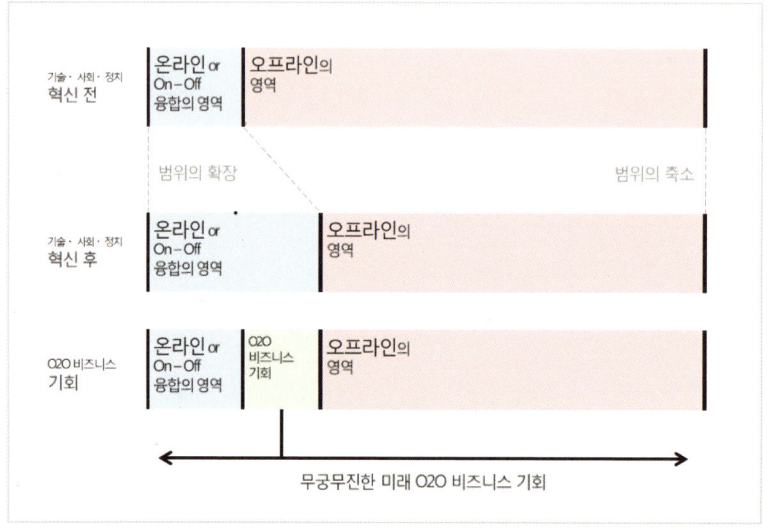

O2O 시장은 디지털 파괴(Digital Disruption) 현상[32]으로 인해 기존 오프라인 영역이 파괴되고 새롭게 탄생한 시장을 의미한다.

---

32) 디지털 파괴 현상: 디지털 혁신기술들이 빠르게 발전하면서 디지털이 기존 사업영역을 파괴하고 디지털에 기반을 두는 신사업이 등장하는 현상

O2O의 대표주자, 카카오택시의 성공

2015년 3월에 서비스를 시작한 카카오택시는 2016년 말 승객 가입자가 1,150만 명에 달했다. 2년이 채 되지 서비스가 어떻게 인터넷을 잘 모르는 할머니, 할아버지도 아는 서비스가 되었을까? 그 성공요인을 살펴보자.

첫 번째 성공요인은 해외에서 검증된 서비스 모델을 빠르게 런칭한 것이다. 카카오는 전 국민이 사용하는 메신저로 엄청난 사용자 수를 바탕으로 게임하기 서비스를 통해 수익을 내고 다음과 합병하여 상장에 성공했다. 하지만 게임 매출은 계속 떨어져 2014년 정점을 지나 2015년 수익은 영업이익을 기준으로 40% 이상 떨어지기 시작했다. 카카오 입장에서는 신사업을 성공시키지 못하면 회사에 큰 부담이 되고 성장도 정체될 우려가 있었다. 이에 카카오는 이미 해외에서 성공한 우버 택시(Uber Taxi) 모델을 국내에 도입했다. 이미 검증되고 성장속도가 빠른 실시간 주문형 택시 이용 서비스는 고객이 가장 필요한 서비스였고, 카카오는 단 3개월 만에 택시 서비스를 개발해 빠르게 시장에 내놓았다. 메신저가 그러했듯이 카카오택시는 가파른 성장으로 택시 O2O 시장에서 90% 이상을 장악했다.

두 번째 성공 요인은 카카오가 1위만 살아남는 플랫폼 사업의 특징을 누구보다 잘 알았다는 것이다. 카카오는 출시 이후 빠르게 고객들에게 택시를 부르는 최적의 서비스는 카카오택시라는 것을 인지 시켰고, 가입절차도 필요 없도록 메신저의 인증 체계를 갖추었다. 또한 버튼 하나면 자신의 위치로 택시가 달려오는 쉽고 간편한 사용자 환경을 만들어 고객들을 만족시켰다.

세 번째 성공 요인은 택시협회와 MOU를 맺은 것이다. 고객이 아무리 택시하면 카카오라고 인지하고 있더라도, 부른 택시에 불만

> 이 발생한다면 고객들이 단번에 외면하게 될 것이다. 기존 시장의 주체였던 콜 업체들의 반발에도 불구하고 카카오는 끊임없이 택시 업계와 택시 기사들을 대상으로 논의를 지속했고 공급자 집단을 장악했다. 그리고 KT와의 업무협약을 통해 택시 기사들의 카카오택시 사용 앱에 대해서는 데이터를 무료로 사용할 수 있도록 했다. 카카오택시는 기사들의 목소리에 최대한 귀를 기울여 빠르게 시장에 침투하는 데 중점을 뒀다. O2O 사업은 새로운 시장의 창출이기보다는 서비스 혁신이고, 때문에 기존 시장을 변화시키기 위해 공급자와 협력하여 빠르게 비즈니스모델을 정착시키는 것이 중요하다는 것을 꿰뚫고 있었던 것이다.

디지털 사회는 아날로그 사회와 본질적으로 상충되는 구조다. 원자로 이뤄진 물질세계는 자원의 한계로 인해 한계 효용이 감소하는 소유의 사회다. 그러나 비트로 이뤄진 디지털 사회는 한계 효용이 증가하는 공유의 사회. 소유와 공유라는 가치관이 충돌하는 이 두 세계는 PC 시대까지는 분리돼 있었지만 이제는 O2O(Online to Offline)로 융합하고 있다.

그렇다면 O2O 융합은 과연 어떤 기술에 의해, 어떻게 구현될 수 있을까?

바로 디지털화 기술 6개와 아날로그화 기술 6개로 설명이 가능하다. 6대 디지털화 기술, 6대 아날로그화 기술을 이해하는 것은 4차 산업혁명의 비밀의 문을 여는 첫 번째 열쇠이기도 하다.

그림 | O2O 최적화와 12대 기술

디지털화 6대 기술은 빅데이터, 클라우드, 사물인터넷(IoT), 위성위치확인시스템(GPS), 사회관계망서비스(SNS), 웨어러블로 구성된다. 디지털화 기술이란 결국 시간, 공간, 인간을 디지털화하는 기술이다.

각각의 기술들을 정리해 보면 다음과 같다.

IoT(Internet of Thing, 사물인터넷)

사물인터넷(IoT)은 쉽게 말해서 모든 사물이 지능을 갖춘 것처럼 보이는 것이다. 사물들에 센서와 통신모듈이 붙고 여기서 발생한 데이터가 인터넷으로 모두 연결되어서 생겨나는 네트워크지능이라 할 수 있다. 이렇게 기기 및 사물들이 네트워크로 연결됨으로써 유기적으로 데이터를 수집·학습·활용하며, 정보의 공유를 통해 상호 작용하는 (지능형)네트워킹 기술 및 환경을 우리는 사물인터넷으로 정의한다.

과거에는 비용 문제가 걸림돌이었으나, 최근에는 첨단기술의 비약적인 발전으로 통신모듈, 스토리지 등의 부품 가격이 큰 폭으로 하락하고 있다. 때문에 사물에 통신모듈을 부착해야하는 IoT 사업의 수익성이 갖춰지면서 IT기업들이 차세대 주력사업으로 모두다 IoT에 주목하고 있는 상황이다.

현재 IoT 시장은 국내에서 약 2조 3천억 원의 규모를 형성하고 있지만 2022년에는 10배 이상 성장하여 22조 9천억 원 규모를 형성할 것으로 예상되고 있다.

IoT 시장 생태계는 디바이스, 네트워크, 시스템, 앱과 서비스 사업자로 구성되는데, 현재는 주로 디바이스 중심으로 시장이 형성되고 있지만 멀지않은 미래에 상황은 달라질 것이다. 국내 대기업들의 움직임만 봐도 그렇다.

삼성은 2016년 초 CES 2016에서 IoT를 핵심 미래 사업으로 제시했었다. LG그룹 역시 2016년 사상 최대의 R&D투자 규모인 6조 3천억 원을 융·복합 분야와 사물인터넷에 집중했다. 그 결과 CES 2017에서 삼성전자는 음성인식 기능을 활용해 사람과 서로 소통할 수 있는 '패밀리허브 냉장고'를 선보였다. 물품을 신선하게 보관해주는 기능뿐만 아니라, 인공지능(AI) 기능을 더해 냉장고에서 조리 순서를 찾아보고, 부족한 물품이 있으면 온라인 쇼핑도 가능하게 해준다. 이 제품에 들어간 음성인식 기능에는 클라우드를 기반으로 한 사물인터넷(IoT) 기술이 녹아 있다. 음성인식으로 축적한 데이터를 바탕으로 정보를 처리하고 사용자에게 가장 알맞은 서비스를 제공한다. 사용자는 목소리만으로도 조리법, 온라인쇼핑, 음악재생, 뉴스듣기 등 다양한 기능을 실행할 수 있다. LG는 냉장고에 아마존의 인공지능인 알렉사를 품었다. 냉장고에 말을 걸면 음악을 들려주고, 우유를 주문할 수 있다. 아마존 에코 기반의 가전제품이 있다면 냉장고에 말하는 것으로 세탁기를 돌리고, 오븐을 데울 수 있다. 이처럼 많은 기업들이 사물인터넷 디바이스를 확장시킨다면 앱과 서비스 영역이 압도적으로 성장할 것으로 예상된다.

사물인터넷의 시장형성 초기에는 의료, 안전, 건강 등 고부가가치 영역에서 수익이 예상되지만, 향후에는 중소·벤처기업들이 IoT 기반 앱과 서비스 영역에서 다양하고 주요한 사업기회를 포착할 수 있을 것이다.

GPS

GPS(Global Positioning System)는 GPS 위성에서 보내는 신호를 수신해 사용자의 현재 위치를 계산하는 위성항법시스템을 말한다. 항공기, 선박, 자동차 등의 내비게이션장치에 주로 쓰이고 있으며, 최근에는 스마트폰, 태블릿 PC등에서도 많이 활용되는 추세인데, GPS는 오프라인의 세상을 디지털화하는 공간 가상화의 핵심기술이라고 할 수 있다.

GPS를 통해서 가장 기본적인 길 안내는 물론이고 맛집 찾기, 위치기반 광고 등 다양한 서비스들이 확산되고 있는 양상이다. GPS기술은 인공위성을 이용한 실외 측위시스템과 블루투스, 와이파이 등을 활용한 실내 측위시스템으로 나뉘는데, 전 세계적인 GPS 서비스를 활용하여 다양한 LBS(Location Based Service)가 확산되고 있다.

이제는 실내 측위시스템을 활용하여 상점 내 마케팅 활동에 활용되어 고객의 동선파악, 관심품목 등이 분석되고 최적의 배치를 가능하게 하는 수준까지 가능하다. 또 실내·외 측위시스템이 결합하여 인간과 사물의 위치를 모두 가상화하면, 현실세계와 가상공간이 1:1로 대응되어 공간적 차원에서 현실세계의 구현을 완전히 가능하도록 한다. 여기서 주목할 점은 인간이 이러한 공간융합의 부분일 뿐 아니라 공간 전체의 융합정보가 개개인의 스마트 디바이스를 통해서 공유되고 있다는 것이다.

클라우드(Cloud)

클라우드 서비스는 인터넷 상 어딘가에 구름(Cloud)처럼 존재하는 하드웨어·소프트웨어 등의 컴퓨팅 자원을 필요한 만큼 필요한 형태로 빌려 쓰고, 이에 대한 사용 요금을 지급하는 방식의 모든 서비스를 통합하여 일컫는 말이다. 클라우드 서비스는 과거 개별 조직의 내부에 보유하고 있던 하드웨어, 미들웨어, 응용 소프트웨어를 전 세계에 흩어진 클라우드 센터로 분산시켜서 저장하게 된다.

그런데 이렇게 클라우드 컴퓨팅을 통한 클라우드 서비스가 확산될수록 클라우드는 단순히 데이터가 머무는 공간이 아니라 분석과 처리기술을 통해 더욱 가치를 증가시킬 수 있는 빅데이터로 거듭나는 공간이기도 하다. 빅데이터는 보관·처리·분석하는데 있어, 그 규모가 크면 클수록 가치창출에 유리하고 관련 비용도 획기적으로 줄일 수 있기 때문에, 효율적인 빅데이터의 보관·처리·분석을 위해서는 클라우드 컴퓨팅을 활용하는 것이 상당히 유리하다.

빅데이터(Big Data)

다양한 방법으로 수집된 데이터는 광대역 네트워크를 통해 클라우드에 전송되고, 저장된 데이터는 표준화된 처리·분석 툴을 통해 가치를 가진 빅데이터로 거듭난다. 이 과정에서 생성된 빅데이터는 크게 2가지 목적으로 활용가능한데, 첫 번째가 예측을 위한 활용이고, 두 번째가 맞춤을 위한 활용이다.

빅데이터와 클라우드가 만나면 기존에는 불가능했던 서비스들을 설계할 수 있고 기업들은 차별화된 역량을 구축할 수가 있다. 유통, 서비스, 제조, 홈케어, 가전, 교통 등 다양한 분야에 적용되어 기존 산업의 비효율성을 혁명적으로 개선시킬 수 있다.

최근 들어서 빅데이터가 더욱 주목받고 있는 현상은 데이터

량의 폭발적인 증가로 설명할 수 있다. 2020년 까지 약 40ZB의 데이터가 축적될 것으로 예상 되는데, 40ZB라는 수치는 전 세계 해변에 있는 모래알의 수 7억 50만 조의 57배에 해당하는 방대한 양이다.

빅데이터 시장은 수집된 데이터가 가치를 가지기 시작하는 시점을 기준으로 하여, 가치창출을 지원하는 기술베이스의 전방산업과 창출된 가치를 활용하는 서비스 중심의 후방산업으로 분류할 수 있다. 빅데이터 전방산업의 경우 전 세계적으로 매년 약 26~48% 성장할 것으로 전망되며, 국내 시장규모는 2020년 약 9억 달러에 이를 것으로 예상된다. 빅데이터 후방산업의 경우 기존 불확실성에 기반하고 있었던 서비스를 예측과 맞춤기반의 서비스로 재설계할 수 있게 된다는 것이 핵심이다.

아래에서 제시한 사례들에서 보듯이 이미 전 세계 산업계에서는 빅데이터를 활용해 경영혁신을 이룩하거나 신사업을 개발에 성공한 사례들이 상당수이고 계속해서 늘어갈 전망이다.

빅데이터 기반 서비스

- **빅데이터 기반 예측 서비스, ZARA**
  자라는 70개국 7만 여개의 매장에서 나오는 빅데이터를 분석해 상품기획, 디자인, 출시, 재고관 리 전 분야에 적용한 후 정확한 수요예측이 가능해졌고, 패스트 패션의 핵심인 '소량생산 적기판매'를 효율적으로 실현했다.

- **빅데이터 기반 예측 서비스, 아마존 닷컴**
  고객이 구입한 상품 정보를 분석해 구매 예상 상품을 추천하고 개인화된 쿠폰을 제공해 회사 매출의 약 35%가 빅데이터 기반 추천 시스템을 통해 발생한다. 그래서 매년 이익의 10%를 추천 시스템 성능 향상에 투자하고 있다.

- **빅데이터 기반 맞춤 서비스, 넷플릭스**
  넷플릭스는 회원 수 5천 700만 을 확보하고 있는 스트리밍 방송업체이다. 이들은 빅데이터 분석을 통해 가입자의 콘텐츠 기호를 파악하여 개인 맞춤 영화나 TV프로그램을 시의 적절하게 추천해주는 서비스를 제공하고 있다.

- **빅데이터 기반 맞춤 서비스 인릭스(Inrix)**
  대중의 스마트폰, 내비게이션, GPS 등 다양한 스마트 디바이스로부터 클라우드 소싱 방식으로 실시간 교통 정보 등을 수집하고 분석하여 운전자가 목적지에 가장 신속하게 도착할 수 있도록 지원하는 서비스를 제공한다.

IoB(웨어러블) 디바이스

웨어러블 디바이스는 인체에 부착시키거나 동화되어 있어서 네트워킹과 컴퓨팅을 할 수 있게 지원하는 기기를 통칭하여 사용하는 용어이다. 웨어러블 컴퓨팅에 대한 연구는 1960년대부터 시작되었으나 그동안은 다양한 기술적 한계로 인해서 상용화가 되지 못했다. 2010년대부터 폭발적으로 상용화된 웨어러블 디바이스들이 나타나고 있는데, 2014년 상반기 웨어러블 장치의 출하량은 총 450만대로 2013년 대비 700%나 증가했다고 한다. 현재 상용화된 웨어러블 제품은 Portable(휴대용) 형태가 주를 이루고 있고, 신체에 부착·동화되어 있다는 특징으로 인해서 주로 모바일 헬스케어와 밀접한 연관성을 가진 분야에 적용되고 있다. 하지만, 이런 규모와 활용도는 단지 시작에 불과하다.

전문가들은 2018년에는 웨어러블 시장 규모가 매출액 기준 15조원에 육박할 것으로 전망하고 있다. 기술의 발전함에 따라서 웨어러블 디바이스는 현재의 Portable(휴대용)에서 Attachable(부착용)로, 다시 Eatable/Implantable(삽입·섭취용)의 형태로 진화해 나갈 것으로 예상된다. 또, 웨어러블 디바이스의 활용분야도 점차로 넓어질 것이다.

표 | 웨어러블 대표 제품

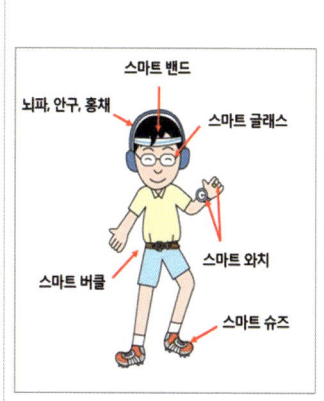

① **스마트워치**

손목시계의 형태를 띄는 웨어러블 디바이스이며, 스마트 디바이스 활용영역을 확장시키는 것이 목적

② **스마트 글래스**

안경 형태를 띄는 웨어러블 디바이스이며, Head Mount Display와 혼용되어 사용

③ **액티비티 트래커**

액티비티 트래커는 기본적으로 팔찌의 형태를 띄고 있으며, 부수적인 스마트기능이 배제되어 있는 Fitness 특화 웨어러블 디바이스

자료 | FredCavazza.net

SNS(소셜네트워크 서비스)

현대 디지털혁명기에 나타난 기술의 특징은 사람간의 연결이 극적으로 확대된 것이다. 예를 들면 바로 SNS, 사회관계망서비스다.

SNS는 목적, 지역, 취향, 연령, 직업에 따라서 전 세계적으로 수많은 네트워크 서비스들이 제공되고 있으며, 대부분이 무료 서비스들이다. 현대인들은 대부분 몇 가지 이상을 이용하고 있으며 SNS를 통하여 과거 SNS가 존재하지 않았을 때보다 무려 1,000배가 넘는 의사소통을 하고 있다. 손 안 휴대폰에 SNS알

림이 울리는 한 현대인은 한시도 네트워크에서 멀어질 수 없는 것이 현실이다. 이처럼 긴밀한 사람간 연결과 소통은 그 이전에 없었던 '초연결사회'를 만들어내고 있다. 또 이런 사회에서 인간은 전혀 새로운 형태의 진화를 꾀하고 있다. 이는 마치 느슨한 연결의 기체구조가 초연결의 액체와 고체 구조로 바뀌는 상전이 현상과도 같다고 할 수 있다. 흩어져 있던 독립적, 개별적 인간이 초연결 SNS를 통해서 네트워크형 인간으로 변모하고 이들이 다시 자기조직화 하면서 초생명으로 발전하는 과정의 근간이 되고 있다.

이제 사람과 사람의 관계는 오프라인(현실세계)에서보다 온라인(가상세계)에서 더욱 빈번하다. 관계가 디지털화 되어 가상화되고 있는 것이다. 이제 가상세계 속 개인은 전 세계 누구와도 연결될 수 있다. 또, SNS의 확산으로 인간은 '다중 네트워크형 인간'으로 진화하고 있는 중이다. 한 개인이 여러 SNS에 가입할 때, 여러 개의 아이디를 가질 수 있다. 모든 아이디마다 다른 개성을 가지고, 성격과 심지어는 성별도 바꿀 수 있다. 따라서 네트워크에 연결된 인간은 그 구조의 특성상 본질적으로 다중 인격형 인간이라고 할 수 있다. 만약 오프라인 세상인 현실세상에서 그랬다면 이중인격자로 지탄받을 일이지만, 온라인 세상에서는 특별한 문제를 일으키지 않는 한, 이런 다중인격이 용인된다. 심지어는 일반화되어 가고 있다.

그림 | SNS 다중자아

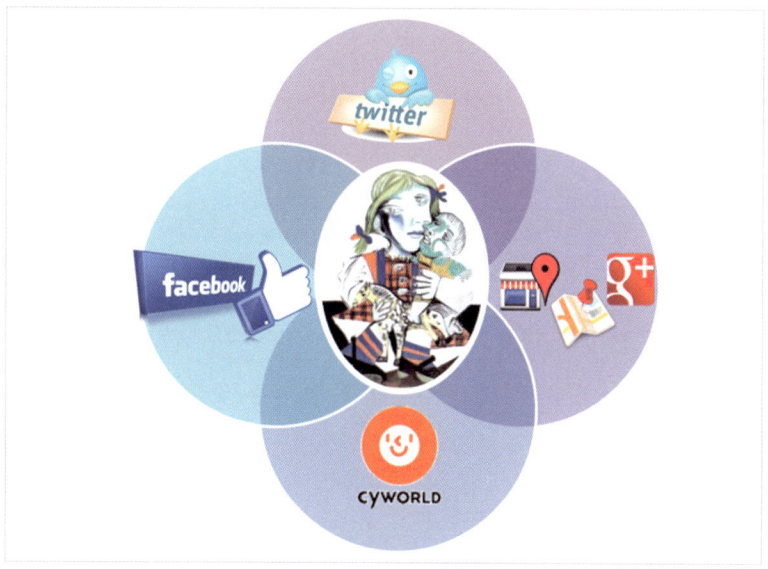

지금까지 6대 디지털화 기술을 살펴보았는데, 6대 아날로그화 기술은 어떤 것들일까?

디지털화된 가상 세계에서는 예측과 맞춤이 가능해진다. 이것을 다시 현실에 적용해 최적화시키는 것이 아날로그화 기술이다. 6대 아날로그화 기술은 서비스 디자인, 플랫폼, 3D 프린터와 DIY, 증강·가상현실, 게임화, 블록체인과 핀테크이다. 그리고 그 연결고리에 인공지능이 자리하고 있다.

서비스 디자인

아날로그화 기술 중에서 가장 기업들이 역량을 집중하고 관심을 가져야 할 기술이 바로 '서비스 디자인'이다. 기술의 발전이 포화 상태에 이르게 되면, 서비스와 제품의 품질은 결국 서비스에서 판가름 나기 때문이다. 시간이 갈수록 기업 간, 국가 간 기술격차는 빠르게 해소되고 있다. 삼성전자와 중국의 화웨이가 만들어내는 노트북 제품은 그 기술력에 있어서 그렇게 큰 차이가 있지는 않다. 다른 점이 있다면 초기 디자인이나 서비스 영역일 확률이 높다. 이는 어쩌면 디지털혁명 시대의 당연한 결과이다. 이렇게 기업 간의 기술차별화가 사라지고 있는 세상에서는 얼마나 고객을 만족 시킬 수 있는 서비스를 제공할 수 있느냐가 기업의 경쟁력과 직결된다. 인간중심의 기술이 더욱 중요해지게 되는 것이다.

서비스 디자인이란 고객이 서비스를 구체적으로 경험하고 평가할 수 있도록 고객과 서비스가 접촉하는 모든 경로의 유·무형 요소(인프라, 커뮤니케이션, 서비스)들을 구체적이고 물리적으로 창조해내는 것이다. 온라인상에서 빅데이터의 활용이 증가할수록 기업은 시장의 진정한 니즈를 파악하기 쉽기 때문에 고객의 니즈를 파악한 후 시장과 상호작용하면서 기술개발을 한다. 이렇듯 가치사슬도 변하였기 때문에 '서비스 디자인'의 개념과 활용은 더욱 더 중요해지고 있다.

구체적인 사례를 살펴보면, 서비스에 있어서 항상 선두를 달리는 애플의 경우도 그렇다. 애플의 제품은 대만의 Foxconn이라는 OEM 생산업체에서 대부분 생산한다. 그런데 아이폰 가격의 10% 미만이 생산부문으로 돌아가고, 디자인, 브랜딩, 유통 등과 같은 활동에서 대부분 가치와 높은 수익성을 확보하고 있다. 애플은 iPod 제품에 부가적으로 음악, 동영상 콘텐츠를 제공하는 iTunes 서비스를 제공하는 것으로 제품 경쟁력 강화시키고 유지하고 있다. 또, 미국 인터페이스사의 타일 카펫서비스는 카펫 판매 대신 요금을 받고 카펫 유지관리 서비스 제공, 장방형 카펫모듈을 개발해 카펫의 낡은 부분만을 교체해주는 방식을 제공하여 큰 성공을 거두었다. 기존의 비즈니스 방식이 아니라 고객이 정말 원하는 것에 집중해서 서비스자체를 새롭게 비즈니스 영역으로 개척해낸 것이다.

이처럼 앞으로는 제조와 서비스가 융합 시스템(PSS)을 이루어 개발한 신제품이 앞으로는 더 많아질 것이다. '제품의 서비스화', '제조업 방식의 서비스업 효율화' 등의 개념이 온·오프라인 융합과 함께 폭발적으로 증가하고 있기 때문이다.

기업의 가치사슬이 생산에서 IP로, 마케팅에서 고객관계로 이동하면서 기업가치 중 점점 더 무형자산이 차지하는 비중이 증가하였고, 제조업도 무형자산에 대한 투자가 중요해지고 있다는 것이다. 제품의 서비스화는 소비자의 경험 위주로 사고하는 방식과도 일맥상통한다고 할 수 있다. 이러한 '서비스 디자인'의 개념은 국가적으로도 많은 활용을 낳고 있는데, 유럽 등지에서 공공서비스디자인, 사회문제 해결디자인으로도 훌륭하게 그 역할을 수행하고 있다. 구체적 사례로서 'Dott07프로젝트'는 영국의 디자인 카운슬이 주관하고 엔진그룹 등 서비스디자인

업체가 참여하는 '디자인 주도 공공서비스 혁신 프로젝트'인데 교통, 에너지, 교육, 건강, 식량을 주제로 프로젝트, 행사, 전시회 등 다양한 활동을 현재 진행 중에 있다. 특히, 디자인 카운슬의 '더블 다이아몬드(double diamond) 디자인 프로세스'는 발견(Discover), 정의(Define), 발전(Develope), 세부(Detail)의 단계로 이루어진 효율적 방법론을 적용하고 있어서 각국 정부의 주목을 받고 있다. 더 추가하자면, 아이디오(IDEO)의 인간과 기술과 비즈니스의 만남을 통한 '경험 혁신'으로 고객 여행 지도를 만드는 서비스를 예로 들 수 있다.

이 같은 〈서비스 디자인〉의 좋은 방법론이나 툴킷 등은 중소기업에서도 적극 활용해 성공을 거둘 가능성이 크다.

3D 프린팅과 지능형 로봇

'3D 프린팅(3D Printing)'은 디지털 디자인 데이터를 이용해 3차원 물체를 제조함으로써, 제조 절차와 생산에 커다란 변혁을 가져오고 있다. 한 마디로 가상의 디자인을 현실에서 물질화하는 기술이다.

3D 프린팅의 세계 시장규모는 2012년 22억 달러에서 2021년 108억 달러로 성장할 것으로 예상되고 있고, 이에 따라 활용 분야도 다각화 될 것이다.

물론, 문제점과 우려도 없지 않다. 미국에서는 3D 프린터를 이용해서 보안검색대를 통과하는 총기류를 만들어낸 범죄사례가 꽤 많이 발생했었다. 이는 3D 프린터 기술이 테러나 범죄 등에 악용될 수 있다는 가능성을 뜻한다. 또, 3D 스캐닝을 통해 기존에 출시된 제품의 구조를 쉽게 복사해 내는 것이 가능하기 때문에 지식재산권 침해 문제가 대두되기도 한다. 이러한 부작용들은 제도와 시스템 보완으로 함께 개선해나가야 할 것이다. 무엇보다 중요한 것은 3D 프린터의 등장과 빠른 보급은 곧 소비자가 직접 제품의 제작·소비·수리 등을 맡아서 행하는 새로운 D.I.Y(Do It Yourself)의 시대가 온다는 것을 의미한다는 점이다.

지능형 로봇은 외부환경을 인식(Perception, Sensing)하고, 스스로 판단(Cognition, Intelligence)하여, 자율적으로 동작(Manipulation, Motion)하는 로봇을 지칭하며, 인간의 학습 및 추론 능력, 지각능력, 언어이해 능력 등을 갖추기 위해 Deep Learning, Self Learning, Collaborative Learning 등의 기술을 필요로 한다. 이제 지능형 로봇은 IT기술의 융복합화와 지능화 추세에 따라, 네트워크를 통한 로봇의 기능분산, 가상공간 내에서의 동작 등 인공지능과 융합한 '네트워크 기반 로봇'으로 발전하고 있다.

지능형 로봇의 3대 요소는 인식능력과 판단능력 그리고 동작능력으로, 이는 각각 인간의 오감인식과 사고능력과 운동능력에 대응된다. 지능형로봇의 기술은 로봇의 분류 혹은 목적에 따른 주요 개발 키워드가 있으며, 제조용(산업용) 로봇은 주로 고정형으로 발전되어 반복 작업의 수행을 위해 고속, 고정밀도, 고출력을 목적으로 개발되고, 전문 서비스용 로봇은 의료, 국방 등 목적에 따라 특정 작업 수행을 위한 자율이동 및 원격제어가 핵심이며, 개인 서비스용 로봇은 인간과 공존하기 위한 복잡하고 다양한 작업을 수행하기 위한 자율적 학습 및 판단이 중요하다.

게임화

'게임화'는 절대 게임이 아니다. 게임의 기술을 활용하여 현실을 개혁하는 것이다. 게임화는 게임적 생각과 기법에 기반한 동기부여로 현실을 개선한다. 게임을 통하면, 사람들을 모으고 집중시킬 수 있는 효과적 방법을 획득하는 것이다. 게임의 배경으로 등장하는 가치 있고 흥미진진한 스토리텔링은 사람들에게 흥미를 유발시키며, 게임의 진행과정에서 현실과 다르게 나타나는 빠른 보상과 지위 상승 등은 동기부여를 지속가능하게 만드는 요소이다. 또, 게임의 많은 요소들이 동기부여를 강화하는 방식으로 설계되어 있는데, 예를 들어 개인과 집단의 경쟁을 부추겨 동기부여를 강화시킨다든가, 실패해도 다시 재도전 할 수 있는 룰을 만들어서 게임이 끝날 때까지 지속적인 도전을 하게 만드는 식이다. 이 모든 것이 흥미진진한 놀이, 게임의 요소들이다.

놀이하는 인간 '호모 루덴스'라는 호이징어의 말대로 인간은 근원적으로 게임의 본능, 놀이의 본능을 갖고 태어난 존재이다. 창조적인 인간이 되려면, 노력과 공부가 아니라, 재미있고 신나는 삶을 살아야 하는 것이다. 우리 삶의 곳곳에 재미의 요소들이 스며들도록 게임을 활용한다면 창조적 인간형 육성 방안도 머리 아프게 고민할 문제가 아니라 게임처럼 재미있게 도전해야 할 과제가 된다.

지금의 네이버를 있게 한 일등공신인 '지식in'은 바로 게임적 요소를 지식에 결합한 사례이다. 사람들은 경쟁적으로 다른 사람이 묻는 질문에 재미와 흥미를 느끼며 답하기 시작했고, 그런 대답들이 모여서 거대한 지식의 창고를 만들어 낸 것이다.

그림 | 새로운 동기부여 패러다임, 게임화

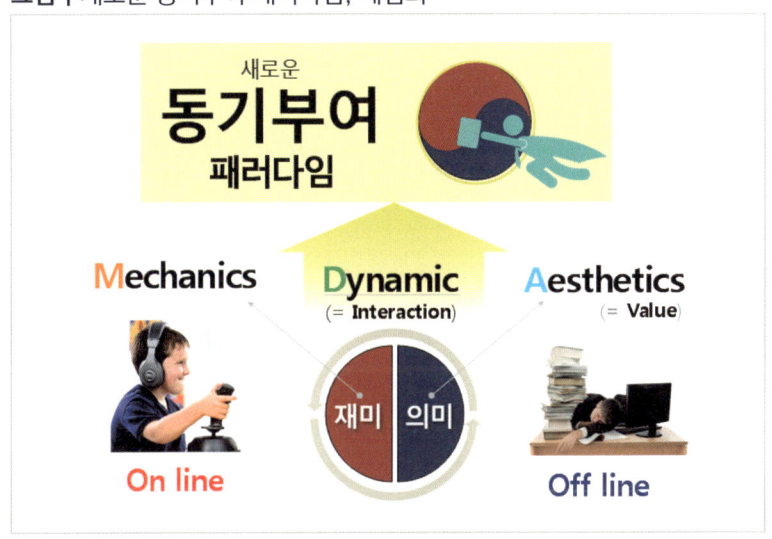

미국에서는 공교육의 새로운 대안으로 떠 오른 미국의 칸 아카데미의 사례가 있다. 우수 배지와 에너지 포인트 등을 제공하는 스킬트리로 학습의 자발성을 높여서 교육관계자들의 주목을 받았다. 이렇게 게임화는 단순한 보상과 경쟁의 차원을 넘어선다. 재미있는 사실은 사람은 스스로 재미있어 행동하는 내재적 동기를 부여받았을 때는 그 동기가 상당히 오래가지만 외부에서 주는 보상에 기반한 동기, 즉 외재적 동기에서는 시간이 얼마 지나지 않아서 동기가 쉽고 빠르게 사라진다는 것이다.

인간은 스스로 도전하는 내재적 동기부여를 통해서 나 자신의 발전을 스스로 만들어내는 존재들이다. 이러한 내재적 동기부여와 그에 따르는 지속적인 개인 발전이 이뤄질 때에 진정한 '기업가정신'이 가능해 진다. 즉, 기업가는 스스로 정한 가치 있는 목표에 도전하고 자율적 판단을 통해서 성취하게 되는 과정에서 사회에 공헌하고 그 보상으로 얻는 경제적 이익과 영향력 등을 얻게 되지만, 이 또한 외적인 성공보다 비물질적인 내재적 보상이 더욱 가치가 있는 것이다.

게임화는 이 내재적 보상체계를 가장 잘 대표하는 원리이다. 성공의 확률은 낮더라도 성공의 기댓값은 상당히 높을 때, 창조적 벤처기업가들은 내재적 동기로서 도전하게 되는데, 이 때 기업가적 마인드로 추진하는 창업 자체가 '산업의 게임화'라고 할 수 있다. 이런 게임화가 산업은 물론 사회 전 부문으로 확산될 때, 우리 사회는 신바람이 넘치는 자발적 경제사회를 이루게 될 것이다.

게임화는 한국의 성공적인 글로벌화 전략 추진에 있어 기업가정신과 더불어서 4차 산업혁명을 이끌어나갈 대장정의 핵심적 동기부여 요소라고 할 수 있다.

플랫폼

플랫폼은 많은 이들이 공통 역량을 모아 체계적으로 구축한 온·오프라인의 공간인 동시에 다양한 이해관계자들이 모여서 네트워크효과를 통한 가치창출을 불러일으키는 장이라고 할 수 있다. 즉, 최근 주목받고 있는 ICT 생태계에서 플랫폼은 ① 컴포넌트(component)와 룰(rule)을 체계적으로 구축하여 효율을 높이고, ② 네트워크 효과를 활용하여 소비자와 생산자의 양면 시장을 구축하여 ③ 거래비용 축소 및 가치창출을 이루는 플랫폼 생태계를 의미한다.

예를 들어, 우리가 스마트폰에서 늘 사용하고 있는 구글의 안드로이드는 OS플랫폼이다. 또 구글플레이는 앱시장의 플랫폼으로서 개발자(생산자)와 소비자를 연결해주고 있다. 안드로이드와 구글플레이는 우리(소비자)가 매번 사용하는 동시에 개발자 입장에서는 반드시 포함하고 있어야하는 공통적 소프트웨어인 것이다. 이를 그림으로 설명하면 다음과 같다.

그림 | 플랫폼의 구성요소

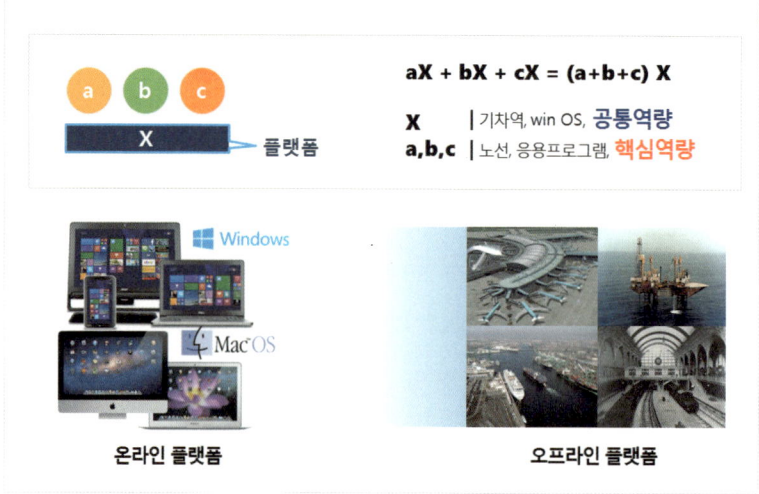

X로 표현되는 공통역량(구글의 안드로이드 같은 플랫폼)에 각각의 개발자들은 a, b, c로 표현되는 자신만의 핵심역량(다양한 앱서비스)을 실어 소비자에게 전할 수 있다. 플랫폼 사업자들에게는 보완재에 의해 발생하는 '교차네트워크 효과'와 거래가 플랫폼 외부에서 발생하지 못하도록 내부화하는 전략이 상당히 중요하다. 그래서 플랫폼 사업자는 양면시장의 두 고객집단에 교차보조도구를 활용하고, 차별적 가격할당을 하곤 한다.

구글, 애플, 아마존, 페이스북 등이 매년 수십 개에 달하는 기술기업을 인수합병하고 수천 개의 Open API를 발표하는 것은 인수합병을 통해 확보된 기술을 Open API 형태로 고객들에게 환원함으로써 공짜 미끼 형태의 교차보조를 제공하는 전략인 것이다.

플랫폼을 창업생태계에서 찾아보면, 크게 혁신(창조) 플랫폼과 효율(유통) 플랫폼으로 나눌 수 있다. '혁신 플랫폼'은 공통역량과 자원의 체계적인 공유를 통해 효율성 극대화를 목적으로 하는 플랫폼이고, '유통 플랫폼'은 공급자와 소비자를 연결하여 제품·서비스·콘텐츠 등을 거래할 수 있도록 해주는 연결 매개의 역할을 하는 플랫폼으로 이해하면 된다. 혁신(창조) 플랫폼과 효율(유통) 플랫폼이 결합된 창업플랫폼을 활용하면 어렵고 무거운 창업이 아닌 가볍고 쉬운 창업이 가능해진다.

블록체인·핀테크

아날로그화 기술 중 세계 경제 시스템을 획기적으로 변화시키면서 언론의 주목을 끌고 있는 기술이 '블록체인'과 '핀테크'이다.

핀테크(Fintech)란 금융(Finance)과 기술(Technology)이라는 두 단어를 결합한 합성어로, 스마트 기술들로 혁신된 새로운 금융기술을 의미한다. 핀테크라는 디지털 시대의 새로운 금융기술이 등장하면서 금융시스템의 효율성은 과거에 비할 수 없게 높이 올라가고 있다. 동시에 전반적인 산업과 금융 서비스의 융합까지 촉진하고 있는데, 이것이 가능하게 하는 모든 테크놀로지와 이를 활용하는 기업들로 구성된 새로운 산업체계로서 '핀테크'를 정의할 수도 있다.

핀테크는 다음의 표에서 구분한 것처럼 주도하는 기업의 유형에 따라 금융기업 주도형과 (비금융)IT기업 주도형으로 나눌 수 있고, 사업영역 기준으로 나눠서 지급결제, 금융데이터 분석, 금융 소프트웨어, 플랫폼으로 4가지 영역으로 구분할 수도 있다. 중요한 것은 핀테크 전 영역에 대한 글로벌 투자금액이 최근 5년 동안 3배 이상 성장했다는 사실이다.

'신뢰의 기술'인 블록체인은 비트코인으로 대표되는 암호화폐에 국한되지 않고 보안, 거래, 계약, 원장 등 각종 신뢰가 요구되는 분야에 널리 활용될 것이다.

그림 | 핀테크의 분야

증강·가상현실

2016년 7월 등장한 스마트폰 게임 '포켓몬 고(Pokemon Go)'는 출시되자마자 신드롬이 되었다. 보행자와 운전자가 스마트폰을 들여다보며 이 게임에 열중한 탓에 교통사고가 속출했고, 다른 이용자를 특정 장소로 유인해 강도를 벌이려는 시도까지 등장했다니 그야말로 '포켓몬 고 현상'이 전 세계를 강타한 셈이다. 바로, 이 '포켓몬 고'에 적용된 기술이 증강현실 기술이다.

아날로그화 6대 기술에서 마지막으로 짚어봐야 할 기술은 '증강·가상현실 기술'이다. 어쩌면 증강·가상현실 기술은 온라인과 컴퓨터 안에만 숨어있던 장점들을 현실의 세계에서 직접 드러내어 경험하게 한다는 점에 있어서 아날로그화 기술 중 가장 사람들의 만족과 호응을 이끌어낼 수 있는 기술일 것이다.

증강현실은 현실세계에 존재하는 기술사용자에게 시의적절한 가상정보를 제공하여 현실에 대한 사용자의 인식이나 능력 등을 증강시켜주는 기술을 말한다. 원래는 항공기 전선조립의 이해를 돕기 위해 가상이미지를 실제 화면에 중첩시켜 작업자들에게 설명하는 과정에서 증강현실이라는 단어가 사용되기 시작했다고 한다.

지금까지 우리생활에 도입되었던 증강현실의 기술들은 내비게이션, 전자칠판 등에서 찾아볼 수 있었다. 운전자가 목적지까지 빠르고 안전하게 도착할 수 있도록 도로 상 각종 교통 및 연관 정보를 상황에 맞게 실시간 제공하는 내비게이션이나, 수업 진행 상황을 자동으로 파악해 즉각 추가적 교육 콘텐츠를 표시해주고 자동으로 세계지도를 그려주면서 학습 이해도를 높여주는 전자칠판은 증강현실이 오프라인인 현실세계를 얼마나 편리하게 만들어 줄 수 있는지를 보여주는 대표적 사례이다.

이러한 전자칠판과 내비게이션이 디바이스의 이동성을 기준으로 '고정형'이라면, '포켓몬 고'같은 기술 구현은 '이동형'으로 분류된다. 스마트 디바이스, 태블릿 PC 등 이동형 디바이스 기반 증강현실 서비스는 이제 막 시작이지만, 포켓몬 고의 성공에 힘입어 비약적인 상승을 시작할 것이다.

증강현실에 적합한 이동형 디바이스로 주목받던 헤드마운트 디스플레이(Head Mount Display)가 최근 잇따라 출시되면서 대중과 산업계의 이목을 끌고 있으며, 구글의 '구글 글라스'와 마이크로소프트의 '홀로 렌즈'도 기술발전을 서두르고 있다. 증강현실에 사용되는 디바이스와 플랫폼은 주로 대기업의 영역이다. 국내 중소기업의 경우 증강현실 플랫폼 내 애플리케이션 및 부가기술 개발에서 사업 기회를 발굴할 수 있다, 학습, 수술 및 수리 지원, 게임 애플리케이션 및 상황인식 기술 등이 대표적이라고 할 수 있다. 뿐만 아니라 증강현실 기술을 경영에 전략적으로 활용하는 것도 가능하며, 광고홍보 프로모션 및 업무효율화를 위해 증강현실 기술을 활용할 수도 있을 것이다.

표 | 가상현실 디바이스 사례

시각·청각: 오큘러스 VR	촉각(모션): 버추이스옴니
오큘러스 VR이 개발한 '오큘러스 리프트'는 가상현실 커뮤니티에서 가장 강력한 지지를 받고 있는 가상현실 플랫폼 디바이스	원형 런닝머신 형태의 해당 기기 위에서 기술 사용자가 걷거나 뛰거나 움직이는 모션을 취하면, 기기가 인식하여 가상세계에 즉시 반영
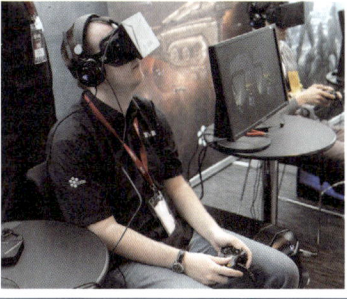	

이에 비해서, 가상현실은 컴퓨터와 인간 오감의 상호작용을 통해 디지털 데이터로 구성된 가상의 영상, 이미지 등을 현실처럼 느끼기 해주는 기술이다. 과거, 가상현실 체험을 위해서는 부피도 크고 가격도 천문학적으로 높은 시뮬레이터가 있어야했지만 헤드마운트 디스플레이의 등장으로 손쉽게 휴대도 가능하게 되었고, 가격도 점점 낮아지고 있는 추세이다. 가상현실이 점점 더 주목과 관심을 받게 될 것이다.

O2O와 천지인(天地人)

　디지털화 6대 기술과 아날로그화 6대 기술은 시공간과 인간을 결합해 가상의 공간에서 예측, 맞춤화 된 정보는 다시 현실 세계를 최적화 시키는 과정을 끊임없이 반복한다.
　천지인의 관점에서 미래 O2O 융합을 분석해보면, 하드웨어 산업이 SNS와 결합하는 것을 인간의 관점, IoT를 통한 사물간의 통신을 사물의 관점, 클라우드를 통해 실시간으로 접속되는 것을 시간의 관점에서 해석할 수 있다.

그림 | O2O 12대 기술 순환 모델

O2O 기술의 인간융합 사례로는 다이어트 코칭을 위한 샤오미 미밴드가 있다. 미밴드는 6축 운동센서를 통하여 만보계, 수면체크, 알람 등 다양한 서비스를 제공하고 있으며, 운동 종목별로 운동량 체크가 가능하다.

그림 | 샤오미 미밴드(Mi-Band)

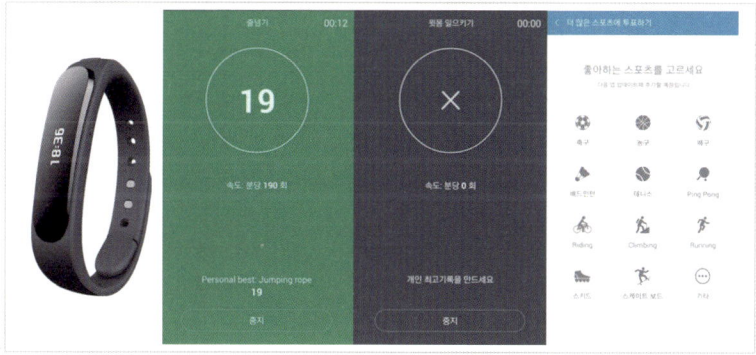

O2O 융합 사례 기업, '직토워크'

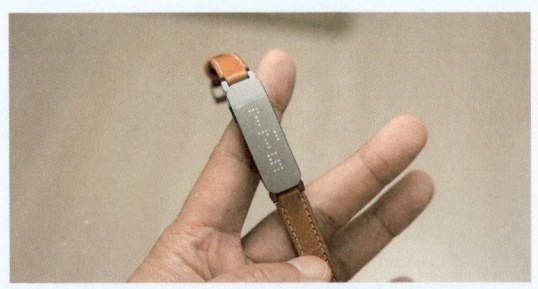

한국에서 주목받고 있는 스마트밴드인 '직토워크'는 킥스타터 크라우드펀딩에서 16만 5천 달러(약 1억 8천여만 원)를 모아 화제를 모았다. '직토워크'에서 직토는 '곧을 직(直) + 말할 토(吐)'로, '꾸밈없이 말한다'라는 의미를 가지고 있다. 외관상으로는 기존의 스마트밴드와 차이가 없어 보이지만 기능적인 면에서 새로움을 보여주어 많은 사람들의 이목을 끌었다. 직토워크는 실시간 활동량 측정, 전화·문자 알림과 같이 기존의 스마트밴드들이 가진 기능들도 갖추면서 추가로 걸음걸이 교정, 체형 비대칭 분석 기능을 포함했다. 또 균형 잡힌 걸음걸이를 위해 모션 센서가 탑재돼 사용자의 걸음걸이를 분석한다.

주목할 만 한 점은 스마트밴드라는 디바이스로써의 접근이 아닌 몸의 균형을 위해 서울아산병원과 공동연구를 해 유저들에게 무상으로 제공하는 '더밸런스멤버십'을 제공한다는 것이다. 이는 스마트밴드와 헬스케어 서비스를 결합한 것으로, 건강검진 우대 서비스, 대형 종합병원 우대 예약 서비스 등 다양한 헬스케어 서비스 혜택을 누릴 수 있도록 한 것이다.

O2O 기술의 공간융합 사례로는 퍼플즈, 사운들리, 조이코퍼레이션이 있다.

퍼플즈(Perples)는 근거리 무선통신 개발 전문 스타트업으로 iBeacon 단말기인 'Reco'를 주력상품으로 하고 있다. 사운들리는 비가청 음파를 통한 근거리 통신기술개발 전문 스타트업으로 상품정보가 담긴 비가청 음파를 방송 신호에 담아 보낼 수 있는 기술을 보유하고 있다.

조이코퍼레이션은 고객이 매장 와이파이에 접속하면, 와이파이 장치와 주고받는 신호의 세기 변화를 감지해 동선을 파악하고 수집한 데이터를 시간대별, 요일별, 이벤트별로 분석해 오프라인 매장에 판매 전략을 제공하는 사업모델을 가지고 있다.

O2O 기술의 시간 융합 사례로는 달리웍스가 출시한 사물인터넷 클라우드 서비스인 'Thing+'가 있다. 'Thing+'는 클라우드에 연동되어 있는 하드웨어와 'Thing+'의 포털을 활용하여 누구나 쉽고 빠르게 자신만의 IoT 서비스를 구축할 수 있도록 지원하고 있다.

그림 | 달리웍스 클라우드 서비스 개념도

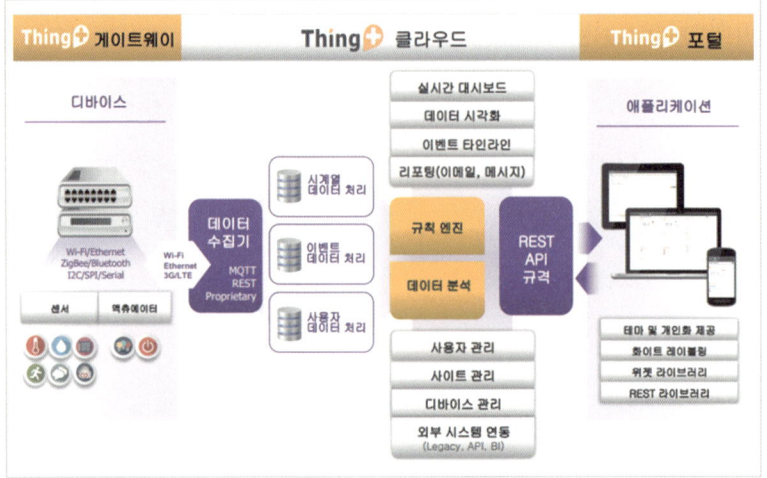

자료 | 달리웍스

지금까지는 온라인과 오프라인이 유기적으로 융합되지 못한 채 분리되어 존재했었다. 하지만 최근 몇몇 혁신적인 기술과 기업의 등장으로 온라인과 오프라인이 유기적으로 융합되어 평행을 이루는 O2O 미러링 현상이 촉발되었다.

그림 | O2O 미러링

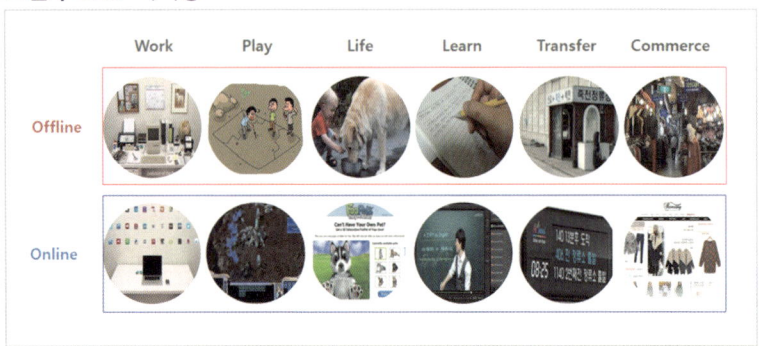

이것은 곧 평행우주론으로 확장된다.

그림 | O2O와 평행우주

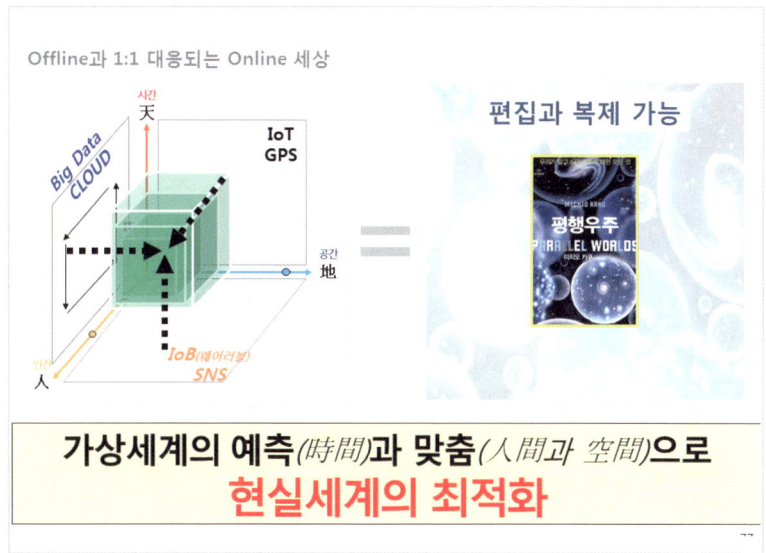

Section 4.
지식 재산권으로 가치를 높여라

Chapter1 뉴 하드 전략과 집단지능
Chapter2 O2O(Online to Offline) 서비스 전략
Chapter3 하드웨어 스타트업을 위한 비즈니스 모델

Hardware
Startup

하드웨어 스타트업을 위한 비즈니스 모델

　기술이 발달함에 따라 오프라인과 온라인의 융합을 통해 가치창출이 가능한 영역이 확대될 것이고, 더 많은 O2O 서비스가 출시될 것이다. O2O라는 혁명적 변화에 적절하게 대응하지 못하면 미래시장에서 도태될 것이라는 위기의식을 갖고 대기업들도 앞 다투어 O2O 전략을 도입하고 있다. 하드웨어 스타트업도 O2O 전략을 찾아 적극 도입해야하는 이유다.

　그렇다면 O2O 전략이란 무엇인가? 쉽게 말해서, 고객의 기회비용, 금전적 비용을 줄여주거나 부가적인 가치를 제공함으로써 기업의 경쟁력을 높이는 것이다. 또, 수익모델을 다각화시키거나 추가수익이 발생할 수 있는 기능·서비스의 개발도 포함된다.

이를 위해서는 먼저 O2O 비즈니스 업체는 IoT, 웨어러블, 증강·가상현실, 빅데이터와 같은 개별 기술 트렌드에 대해 깊은 이해해야 한다. 그리고 각 기술로 온·오프 융합이 진행될 영역을 누구보다 빨리 포착해야 하는 것은 물론, 신기술의 파급효과를 객관적으로 분석해야 한다. 만약 자신의 사업 분야가 신기술로 인해 대체될 영역이라면, 매몰 비용의 함정[33]에 빠지지 말고 재빠르게 사업을 전환해야 한다.

O2O와 다양한 사업 분야

앞서 살펴 본 것처럼, O2O 비즈니스의 영역은 클라우드, 빅데이터, 서비스 디자인, 핀테크, 적정기술, 가상현실, 증강현실, 플랫폼, IoT, 웨어러블, 플랫폼, 3D 프린터, 지능형 로봇 등 다양한 분야로 나아갈 것이다. IP가 하드웨어를 통해 차별화 요소로 추가된다는 것이 뉴 하드시대의 핵심이라는 점을 기억하고, 각 하드웨어 스타트업들은 O2O에 따른 IP에 집중해야 한다는 말이다.

틈새시장을 개척해 성공한 이들의 창업 방정식, IP 기반 창업 Canvas 등을 살펴보면 국내 하드웨어 스타트업들이 어떻게 비즈니스 모델을 구체화해야 할지 알 수 있을 것이다.

---

33) 미래에 이익보다는 손해가 확실시 되지만, 지금까지 들인 매몰 비용(의사결정을 하고 실행한 이후에 발생하는 비용 중 회수할 수 없는 비용)이 아까워서 사업을 포기 하지 못하는 것

그림 | 인간의 삶과 O2O의 확장

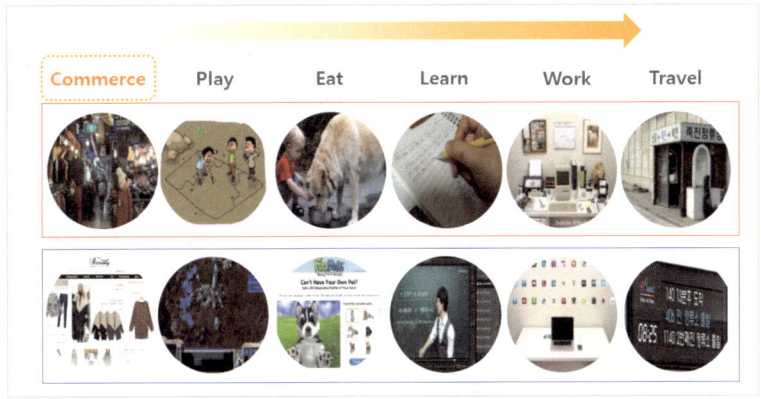

첫째, 인간의 삶과 O2O를 융합한 라이프 스타일 관련 비즈니스 모델들이 있다.

테니스 라켓을 위한 미니 하드웨어 센서인 'Shot Stats Challenger'는 라켓 내에 부착해서 사용자의 운동을 측정하여 결과를 전송하고, 피드백을 제공한다. 스케이트 보드용 스마트 트래킹(Tracking) 기기인 Syrmo는 블루투스를 통해 스마트폰에 연결하여 사진 촬영, 3D 리플레이와 점프 높이나 시간, 스킬 같은 행동 분석도 가능하다. 때문에 보드 자세를 교정하는 데 유용하게 활용할 수 있다.

그림 | Shot Stats Challenger

자료 | Kickstarter.com

그림 | 보드 자세 교정을 위한 Syrmo

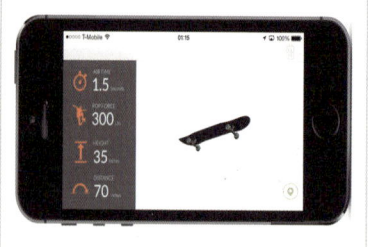

자료 | Syrmo.com

반려동물과 주인을 위한 커뮤니케이터 디바이스도 있다. Petcube는 탑재된 소형 카메라를 통해 외출이나 여행 시 원격 관찰을 할 수 있고 위치 추적을 할 수 있으며, 내장 마이크와 스피커 또한 탑재하여 원격으로 주인과 반려동물간의 소통을 돕는다.

그림 | Petcube

자료 | Kickstarter.com

그림 | Square

자료 | hax.co

트위터의 창립자 잭 도르시가 개발한 모바일 결제 하드웨어인 스퀘어는 간편하면서도 신속하게 단말기 카드 결제가 가능하도록 한다. 스퀘어 리더라는 작은 단말기를 스마트폰에 연결하면 그 자리에서 신용카드 결제가 된다.

둘째로는 개인 건강 관련 비즈니스 모델이 있다.

Clarity Movement는 공기오염도를 모니터링 할 수 있는 센서 디바이스다. 이 시스템을 활용해 전 세계를 대상으로 공기오염도를 모니터링 하고 실시간 세계 오염지도를 제공한다. 또 Scio라는 분자 감지기는 물질이나 사물을 스캔했을 때 스마트폰으로 관련된 정보를 전송한다. 음식, 약물, 식물 등에 적용하여 성분 분석을 하여 실생활에 유용하게 쓰일 수 있다.

그림 | Scio

그림 | Clarity

자료 | Kickstarter.com

자료 | hax.co

셋째는 스마트 홈 사물지능통신 비즈니스 모델이다.

네스트사는 원격으로 가정의 환경을 조절하는 기기를 생산한다. 2014년 구글에 인수된 후, 스마트폰 및 태블릿 PC에 연결되어 화재 경보, 온도 조절 등의 기능을 통합적으로 수행하는 플랫폼을 개발 하고 있다. August는 스마트 도어락 제작사다. 애플과 제휴를 맺고 판매하는 제품은 본인 포함 특정인의 자택 출입 허용 여부를 조절할 수 있는 제품이다. 블루투스와 스마트폰 애플리케이션 연결의 과정만 거치면 되므로 매우 편리하다.

그림 | Nest

자료 | nest.com

그림 | August

자료 | August.com

마지막으로 증강현실 관련 비즈니스 모델이 있다.

Magic Leap는 초소형 프로젝터의 섬세한 이미지를 동공에 투사해 3D 사물이 눈앞에 있는 것 같은 홀로그램을 구현할 수 있다. 증강현실 홀로그램 업체 Meta의 Meta Glasses는 가상의 홀로그램을 구현하여 손가락으로 3D 형태의 가상의 UI를 조작한다.

그림 | Magic Leap

자료 | magicleap.com

그림 | Meta

자료 | getameta.com

하드웨어 스타트업 창업 가이드, 9단계 창업방정식

성공적인 창업을 위해서는 거쳐야하는 단계가 있다.

그림 | 9단계 창업방정식 로드맵

기회의 포착, 기회의 검증, 가치의 창출·획득, 원시 사업계획, 창업 팀의 구성, 자원의 조달, 재무, 사업계획서, 진입장벽·혁신과 재탄생의 9단계이다.

기회의 포착

시대 흐름의 변화에 주목하여 기회를 포착하도록 하는 것으로써 대표적인 기회 흐름을 포착하는 방법으로는 STEEP(Society, Technology, Energy, Environment, Politics) 분석 기법을 활용하여 분야별 미래 동향을 분석하는 사례가 있다. 미국의 그루폰을 모방한 쿠팡과 티켓몬스터, 야후와 같은 포털 사이트를 모방한 다음이나 네이버가 해외의 동향을 미리 감지한 것이 좋은 예다.

한국의 현 상황을 거시적으로 분석 해보면, 저출산, 싱글·딩크족 가구의 증가, 여성 파워의 증가, 고령화가 가장 큰 이슈이자 기회가 된다. 이중 고령화는 특히 주목할 만하다. UN 통계에 따르면 한국은 2000년 고령화 사회(+65 노인 7%)에 이어, 2018년 고령사회(14%), 2026년 초고령 사회(20%)로의 진입할 것으로 예상된다. 한국의 고령화 속도는 인류 역사상 유례가 없을 정도이다. 현재의 저출산과 고령화 추세라면 2018년에는 생산 가능인구 5명이 1명을 부양해야 하고, 2030년이 되면 2.7명이 1명을 부양해야 한다.[34] 문제는 부양비율 1% 상승이 경제성장 0.6% 하락으로 이어진다는 점이다. 대한민국이 고령화 문제

---

34) 연합뉴스(2014.09.29.), "'죽으면 화장하겠다' 베이비부머 50% 육박(종합)"

를 해결하지 못하면 일본의 잃어버린 20년의 전철을 밟게 될 지도 모른다는 위기의식을 불러일으킨다. 그러나 위기는 곧 기회라는 말이 있다. 노동인력이 줄어드는 고령화는 스마트 시대를 가속화 한다. 스마트 시대, 노인의 욕구를 충족할만한 좋은 제품과 서비스를 개발한다면 성공의 가능성이 높다.

그 외 중국이라는 거대한 시장의 등장과 빅데이터의 움직임 등 거시적인 흐름에 대한 통찰력 등은 비즈니스 기회를 포착할 수 있는 좋은 분석이 될 수 있다.

기회의 검증

산업의 구조와 경쟁 강도를 파악하는 툴로써, 발굴한 기회가 장기적인 수익성을 가지고 있는지 판단해야 한다. 대표적인 분석 기법으로는 마이클 포터의 'Five Force Analysis'가 있다.

그림 | 마이클 포터의 5가지 경쟁요소

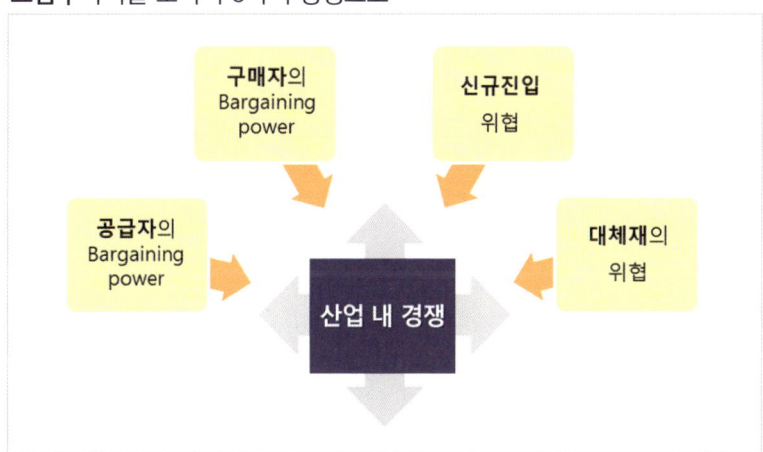

새로운 산업구조의 창출은 산업 내 사업자들 간의 이익 재분배나 전체 산업 이익 규모 확대를 통해 검증할 수 있다. 또 공급자, 소비자, 대체재 및 신규 진입자에게 빠져나가는 이익을 최소화할 수 있다면 수익성을 크게 높일 수 있다.

그림 | S-Curve와 기술적 성숙도 검증

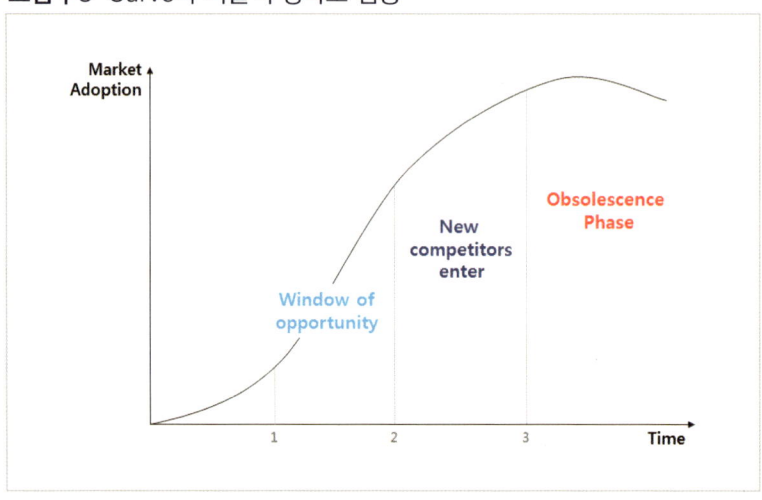

기술적인 성숙도는 해당 분야의 기술이 향후 얼마나 더 발전할 수 있는지를 가늠해보는 요소이다. S-Curve 상의 위치 파악 및 선행 기술에 대한 조사를 통하여 기술의 성숙도 정도 및 향후 수익성을 가늠할 수 있다.

S-Curve 상의 1단계와 2단계 사이는 신제품이 시장의 영역에 확실하게 안착하기 직전의 단계로, 일명 '기회의 창(Window of Opportunity)'으로 불리며, 하드웨어 스타트업이 사업을 시작하기에 적합한 분야이다. '기회의 창' 시기에는 핵심 역량(지적재산권 확보 및 제품 안정화 등)을 기르면서 내공을 키우고 시

장이 열리기를 기다리는 전략이 필요하다.

가치의 창출·획득

가치의 창출·획득이란 한마디로 가격을 책정하는 단계이다. 가격을 책정하기 위해 사용하는 방정식으로는 기업경영 부등식이 있으며, 기업 부등식은 판매자가 받는 Price를 고객에게 가치를 제공하는 Value와 판매를 위한 최소 비용인 Cost 사이에서 어떻게 결정해야 할지 함축적으로 표현한다.

원시 사업 계획의 작성

원시 사업계획서는 비즈니스 모델 혁신 요소를 뽑아내어 가치 획득을 위해 이익 창출의 방법을 모색 하도록 한다. 비즈니스 모델 혁신의 예로, 소매점에서 팔던 개인용 컴퓨터를 전화를 통해 첫 판매를 시작한 델 컴퓨터, 신상품 디자인에서 완제품 출시까지 걸리는 시간을 획기적으로 줄여 변덕스러운 소비자의 니즈를 충족한 자라(ZARA)가 있다.

혁신 프로세스는 아이디어 정리, 브레인스토밍, 프로토타이핑, 가치평가, 최적안 선택의 사이클을 반복하는 것이다. 아이디어를 정리하고 브레인스토밍 하는 과정에서 혁신하기 위한 기회 포착하도록 해야 한다. 소비자의 욕구를 분석하면서 그것을 만족시킬 수 있는 유망 분야를 발굴하는 것도 비즈니스 모델의 기회 포착 방법 중 하나인데, 기회 포착 후 사업 타당성을 검증하고 가치가 어떻게 창출될 수 있는지 가치평가가 반드시 필요하다.

또 Marketing & Customer Relationship이 중요해졌다. 따라서 단순한 서비스 판매가 아닌 플랫폼 중심 및 서비스 디자인 관점의 가치의 전달과 획득이 부각되고 있다.

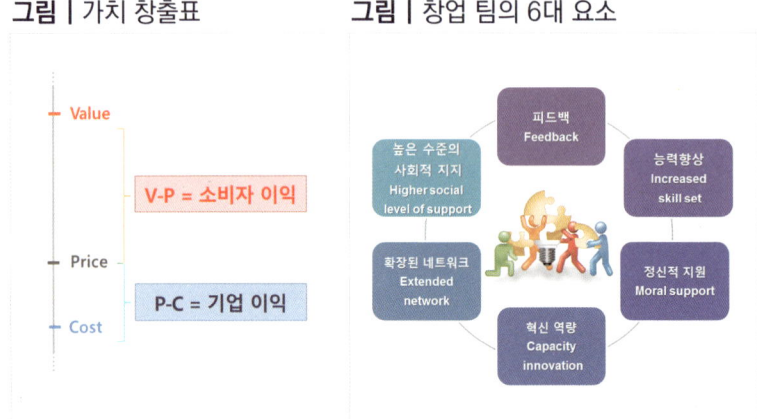

그림 | 가치 창출표

그림 | 창업 팀의 6대 요소

창업 팀의 구성

이제 창업 팀을 구성할 차례다. 창업 팀의 구성은 리더십, 시너지, 상호 신뢰를 바탕으로 이루어져야 한다. 성공적인 창업 팀은 상호 피드백, 높은 수준의 사회적 지지, 확장된 네트워크, 혁신 역량의 강화, 상호 능력 향상과 정신적 지원이 뒷받침이 되어야 할 것이다.

자원의 조달

자원 조달의 단계에서는 생산, 영업, 연구 개발 등을 수행하기 위한 자금, 리소스 조달 등 현실적인 문제에 직면하고 이를 해결해야한다. 자신의 핵심 역량에 집중하고 틈새 시장에서 1등을 할 기본 전략과 주변 역량은 전략적 제휴나 아웃소싱을 통해 해결하는 것이 바람직하다. 또 인력 조달 시에는 스톡옵션 적극 활용해야 한다.

가장 중요한 초기 재원 조달은 벤처 캐피탈, 비즈니스 엔젤, 창업 경진대회, 중소기업 진흥공단 및 기술 신용 보증 등을 통해 가능하다. 창업가로서 자본가를 설득하는 것은 비즈니스의 핵심으로 투자가가 이익을 회수하는 그림(IPO, M&A 등)이 사업 계획서의 핵심이므로 이 부분을 잘 설계해야 할 것이다.

재무

재무의 단계에서는 향후 사업이 운영이 될 경우 생길 수 있는 지속적인 수익원에 대한 운용을 재무제표 등으로 표현하고, 조직을 운영할 수 있는 현실적인 계획을 세워야 한다.

'Business Plan'보다 'Business Planning'에 중점을 두어야 한다. 다시 말해 지속적인 보완이 이루어질 수 있도록 진행해야 한다. 창업자의 재무제표는 상황에 따라 변할 수 있는 요소가 많기 때문에 신뢰하기 어려우므로, 기본적인 방향을 잘 잡는 쪽으로 가야 한다. 사업이 차별화 될 수 있는 핵심 역량을 가져가야 높은 마진을 가져갈 수 있다는 점을 기억해야 한다. 차별화되지 않은 사업은 5% 이하의 이익, 남들과 다른 지적 재산권 혹은 고객을 확보한 경우에는 10% 이익, 지적재산권과 고객을 모두 확보한 경우 30%까지 이익 산출이 가능하다.

사업 계획서

사업 계획서의 단계에서는 문제 제기(갈등), 문제의 해결(평화), 그리고 핵심역량(입증)의 3개로 압축하여 스토리텔링 중심으로 작성하는 것이 필요하다. 다른 업체 대비 차별화된 핵심 역량(기술, 특허) 등을 있음을 알리는 스토리텔링이 중요하다.

진입장벽·혁신과 재탄생

시장에서 1등을 한 후 다른 경쟁 업체에 대한 진입을 억제하는 진입장벽 형성도 매우 중요한 것으로, 시장에 진입하는 경쟁자에 입장료를 부과하는 형태로 작용한다. 조직의 성공을 이끌었던 강점이 과도해지면 기업을 도태시키는 주원인이 될 수 있으므로 자신의 핵심역량을 너무 자만하면 안 될 것이다.

통상적으로 90% 이상의 기업들은 레드 오션에 있는 기업들이다. 저비용 구조로 인한 수익성 한계가 있으며, 주로 자영업, 음식점 카페 등의 서비스업이거나, 반도체, 자동차, 건설 분야의 하청 기업들이 대부분이다. 이런 기업들의 경우 지적재산권 전략이 없거나 부족하다. 중요한 요소인 차별화가 부족하고 마진도 남길 수 없다.

　기술 차별화가 이루어진 창업 벤처의 경우에도 주의할 점이 있다. 창업자의 역량을 통한 기술 차별화는 이루어졌으나, 단일 기술에 기반하면 한 분야에서의 단일 혁신만 이루어지게 된다. 높은 마진을 내는 글로벌 기업의 경우, 외부로부터 아이디어 기술에 대한 지원을 받아 자원을 개방하고 지식 재산을 전략화 한다. IP 차별화 및 진입장벽이 탄탄하며, 탄탄한 소생태계를 구성, 탄탄한 비즈니스 모델을 구축하고 있다.

　하드웨어 스타트업이 이러한 소생태계 기업으로 거듭나기 위해서는 이에 맞는 비즈니스 모델을 구축할 필요가 있다. 그리고 다시 한 번 강조하지만, 비즈니스 모델의 끝은 플랫폼 모델이다.

하드웨어 스타트업 Lean Canvas

Ostwald의 〈9 Block Model〉은 스타트업에는 적합하지 않는 비즈니스 모델이라는 이유로, 에릭 리스는 〈Lean Canvas〉를 제안했다. 그러나 여기서는 다시 하드웨어 스타트업에 최적화한 10 block의 Lean Canvas를 이야기 하고자 한다.

스타트업과 벤처들의 비즈니스 수립과 계획, 모델링을 돕기 위한 방법의 일환으로 기존의 비즈니스 모델 캔버스를 제안하며, 다음 그림과 같은 10가지 항목으로 구성되어 있다.

그림 | 하드웨어 스타트업 모델을 위한 비즈니스 모델 Canvas

Problem ■ 세상의 아픔은 무엇인가 ■ 새로운 가치는 무엇인가	**IP** ■ 하드웨어의 **IP 차별화** 대안 **Platform** ■ **협력**을 위한 **플랫폼** 활용 대안	**Value Proposition** ■ 우리의 **차별화**된 **가치** 제안은 ■ 지속가능한 **진입장벽**은?	**Relationship** ■ 고객과의 **관계**를 **유지**하기 위한 전략은 무엇인가? → 플랫폼 **Channels** ■ 고객의 **접근 채널**은 어떠한가? → 하드웨어	**Customer Segments** ■ **핵심 고객** 파악은 어떻게 할 것인가 ■ Domain Knowledge
Cost Structure ■ 제작비, 금형비, 국가별 인증, 등 **각종 비용** 구조는 어떠한가?		**Revenue** ■ **수익** 모델, 마진은 어떠한가?	**Value Creation** ■ **고객 생애 가치** ■ **소셜 임팩트**	

정성적 / 정량적

Cost ← Price → Value

　이는 Lean Canvas에 기반 하여 최소 기능, 최소 존속 제품 위주의 비즈니스 플랜을 통해 핵심 타겟 고객의 반응을 빠르게 체크하여 시장에서 안정적이고 효율적으로 살아남는 것을 목표로 하고 있다. 한정된 자원으로 빠르게 검증하고 이를 토대로 학습을 하는 것이 필요하기 때문이다.

Lean Canvas 구성 요소

고객 세그먼트(Customer Segment)
기업이 제각기 얼마나 다른 유형의 사람들 혹은 조직을 대상으로 하는지 규정한다. 적절한 고객 세그먼트는 기업의 비용을 효율적으로 사용하도록 도와준다. 예를 들어, 스퀘어의 스마트폰 용 카드 단말기를 이용하는 사람들은 30대~40대 배달을 위주로 하는 자영업자로 구성이 되므로, 이 사람들에 대한 고객 전략을 수립할 수 있다.

가치 제안(Unique Value Proposition)
특정 고객 세그먼트가 필요로 하는 가치를 창출하기 위한 상품이나 서비스의 조합이다. 특정 고객 세그먼트가 필요로 하는 가치를 창출하려면 해당 세그먼트의 필요에 대응하는 명확한 요소들이 필요하다. 가치 제안에는 양적인 것 및 질적인 것들이 모두 포함될 수 있는데, 예를 들어 제품 및 서비스 성능 향상, 브랜드 지위, 그리고 빼어난 디자인 등이 있다. 또 고객과 기업, 사회 전체의 이익을 가시화하는 선순환 기업가정신의 사회적 가치를 의미한다. 기업은 사회적 가치를 고려함으로써 고객에게 어떤 가치를 주고, 기업이 어떤 가치를 얻는지 명확하게 파악해야 한다.

유통채널(Channel)
기업이 고객 세그먼트에 가치를 제안하기 위해 의사소통을 하고 상품이나 서비스를 전달하는 방법으로, 유통채널은 기업이 제공하는 상품이나 서비스에 대한 고객의 이해를 높여주고, 고객이 상품이나 서비스를 구매할 수 있도록 주도해야 한다.
유통채널은 더 나아가 기업이 고객에게 가치를 전달하고, 고객의 평가에 따른 애프터서비스를 제공할 수 있도록 해야 한다.

고객 관리(Relationship)
특정한 고객 세그먼트와 어떤 형태의 관계를 맺을 것인가 나타내며 고객 관리의 목적은 고객 확보 및 유지를 통한 상품, 서비스 판매의 장기적 촉진한다. 고객 관리 형성 방식의 예로는 개별 어시스트, 셀프 서비스, 자동화 서비스, 그리고 코크리에이션(Co-Creation) 등 다양한 방식이 있을 수 있다.

IP(지식재산권)
하드웨어 창업 기업의 핵심 차별화 요소이며 이를 자체 혹은 외부에서 획득하여 경쟁 우위의 요소화가 필요하다.

플랫폼(Platform)
협력을 위한 모델로서 하드웨어가 만드는 데이터를 기반으로 한 서비스 비즈니스 모델, 플랫폼 및 네트워크 중개 비즈니스 모델 등을 말한다.

문제 발굴
세상의 아픈 문제를 발굴하여 기회를 포착하는 창업의 시작점이다. 문제 발굴을 통하여 세상의 새로운 가치를 만드는 과정이 창업이다.

가치창출(Value Creation)
고객에게 제공하는 가치이며, Price보다 훨씬 큰 가치를 제공하는 것이 진정한 기업가라고 할 수 있다. 가치를 만들면 수익은 따라오게 된다.

> **수익원**(Revenue Streams)
> 기업이 고객 세그먼트로부터 창출하는 현금으로, 각각의 수익원은 정찰제, 할인판매, 경매, 시장 의존, 물량 의존, 생산량 관리 같은 다양한 가격 메커니즘 적용이 가능하다. 수익원을 창출하는 방법으로는 물품 판매, 이용료, 가입비, 대여료·임대료, 라이선싱, 중간 수수료, 광고 등이 있다.
>
> **비용구조**(Cost Structure)
> 비즈니스 모델을 운영하는 데서 발생하는 모든 비용이다. 이를 핵심자원, 핵심활동, 핵심 파트너십으로 나누어 규정하면 비용구조를 쉽게 파악 할 수 있다. 기업의 비즈니스 모델에서 가장 중요한 비용을 파악하고, 비용절감과 가치창조 중 어디에 초점을 둘 것인지 구분하여 비즈니스 모델을 구축하는 것이 중요하다.

비즈니스 모델 캔버스와 최소 기능 제품의 개발

비즈니스 모델 캔버스의 활용과 더불어 중요한 것은 새로운 비즈니스 기회를 발굴하는 것이다. 스타트업들이 비즈니스 모델을 개발하는 것과 동시에 이를 시장에 내놓은 후 개선할 수 있도록 빨리 학습하는 것이 필요하다. 이를 위해 필요한 것이 '최소 기능 제품(MVP; Minimum Viable Product)'이다. 제품(Product)을 완제품으로 만들 것이 아니라, 최소한의 기능으로 초기 고객이 스타트업이 세운 초기 고객 가설대로 반응하는지를 검증하는 것이다.

그림 | 비즈니스 모델 Canvas와 Lean Startup의 연계

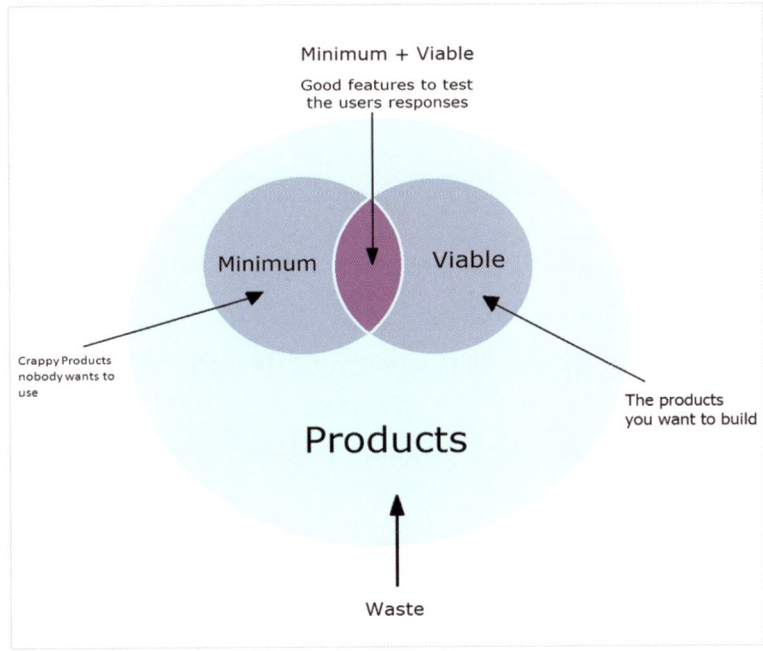

앞서 얘기한 스퀘어의 사례와 같이 MVP를 개발하고 이를 통해 시사점을 빨리 배우고 개선하여 더 나은 제품과 서비스를 다시 시장에 선보이고, 또 feedback을 받는 순환 구조를 거칠 때 비로소 시장에 맞는 제품을 개발할 수 있다. 이는 실패 확률을 낮출 수 있는 가장 좋은 방법이다. Build-Learn-Measure의 사이클을 반복하는 사이 발전된 최종 완성품이 만들어진다. 다양한 BM 모델을 생각하고 이를 구체화하는 동안 시장의 반응을 알아보고 학습하여, 빠른 검증을 할 수 있다.

Section 5. 소비자의 마음을 사로잡아라

마음을 사로잡는 것은 기술이 아니라 서비스 디자인

Hardware
Startup

마음을 사로잡는 것은 기술이 아니라 서비스 디자인

그림 | 디자인싱킹

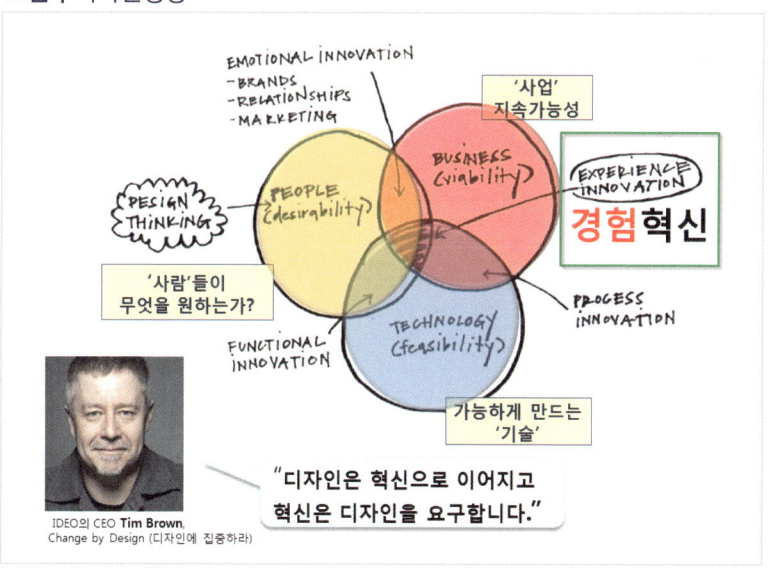

혁신은 가능성의 혁신인 기술, 지속성의 혁신인 비즈니스, 욕망의 혁신인 디자인 혁신으로 구성된다. 그리고 혁신의 중심이 이제 기술에서 비즈니스를 거쳐 인간의 욕망을 이동하고 있다. 사람의 욕망, 마음을 사로잡는 서비스 디자인이 필요한 이유다. 즉 인간의 욕망에서 새로운 사업의 혁신이 출현하게 됐고 그것이 서비스 디자인의 출발이다.

표 | 서비스 디자인 정의

주체	서비스 디자인 정의
한국디자인지식산업포럼	고객이 무형의 서비스를 구체적으로 경험하고 평가할 수 있도록 고객과 서비스가 접촉하는 모든 경로의 유·무형 요소를 구체적이고 물리적으로 창조하는 것
라이브 워크 (www.livework.co.uk)	서비스 디자인은 고객이 다양한 경험을 할 수 있도록, 시간의 흐름에 따라 사람들이 다르게 되는 다양한 터치 포인트를 디자인하는 것
엔진 그룹 (www.enginegroup.co.uk)	서비스 디자인은 훌륭한 서비스를 개발해 제공하도록 돕는 전문 분야다. 서비스 디자인 프로젝트는 환경 디자인, 커뮤니케이션 디자인, 제품 디자인 등 디자인의 여러 분야를 포괄해 고객이 서비스를 쉽고, 만족스럽고, 효율적으로 누릴 수 있도록 각 요소를 개발하는 프로젝트다. 더 중요한 것은 누가 이 서비스를 개발하는지 잊지 않도록 각인시키는 것임
피어 인사이트 (www.peerinsight.com)	서비스 디자인은 서비스 혁신을 위해 커뮤니케이션, 공간, 행동, 사람, 사물, 도식 등 서비스를 이루는 유·무형의 요소를 총체적으로 배열하고 리서치에 근거해 디자인하는 것임

서비스 디자인은 '고객이 경험하게 되는 모든 접점의 총체적 디자인'을 말한다. 넓게는 서비스를 구성하는 사람과 서비스 시스템의 상호작용, 좁게는 서비스를 구성하는 요소들과 서비스

채널간의 상호작용 관계를 분석하고 그로부터 서비스를 계획하고 디자인하는 행위[35]이다.

그런데 기존의 서비스 디자인이 오프라인 서비스를 디자인했다면, O2O 비즈니스인 하드웨어 스타트업의 경우에는 기존의 서비스 디자인에서 추가적인 진화가 필요하다. 온·오프라인이 통합된 서비스 디자인이 필요하기 때문이다.

그림 | O2O 서비스 디자인의 정의 및 범위

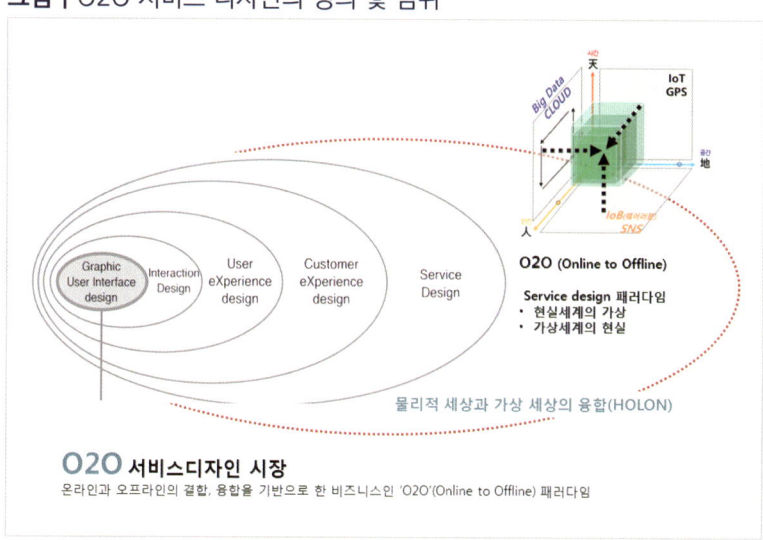

O2O평행 모델은 디지털화와 아날로그화라는 쌍방향으로 구성된다. 그리고 궁극적으로 인간이 필요한 것은 서비스다. 디바이스에서 데이터를 얻는 목적 역시 서비스를 구현하기 위한 것이다. 핏빗과 같은 헬스케어, 에어비앤비 등의 사업을 보면 핵심은 특정기술이 아니라 인간의 욕망을 O2O 평행 모델로 충족

---

34) 한국디자인진흥원(2010), 서비스디자인의 동향과 정책방향

하는 서비스의 구성에 있다. 4차 산업혁명은 데이터를 거쳐 서비스로 구현되는 혁명이다.

그림 | 서비스 디자인 프로세스

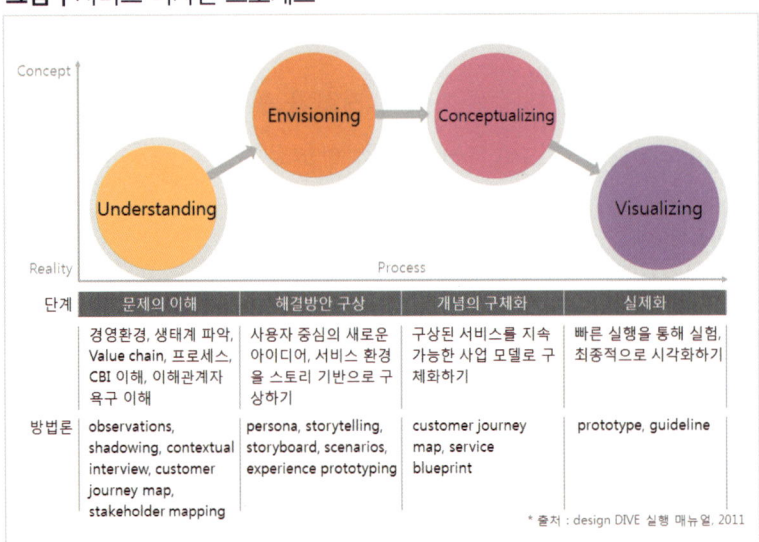

미래의 레스토랑

서비스 디자인에 따라 기업과 개인의 생활은 어떻게 달라질까? 미래의 레스토랑에 서비스 디자인의 개념을 적용시켜 상상해 보자.

예를 들면 이런 서비스가 가능하다.

레스토랑의 고객은 지능형 로봇의 안내에 따라 터치스크린으로 주문을 한다. 음식을 기다리는 동안 게임을 하고, 음식이 준비되면 식사를 하면서 음식 영양분 및 재료 정보를 제공 받는다. 레스토랑은 고객 개인의 생체 정보와 연동된 기록을 고객정보

클라우드에 저장한다. 같은 고객이 다시 그 레스토랑을 방문했을 때에 맞춤형 식자재와 요리법으로 음식과 서비스를 제공하기 위해서이다.

그림 | 서비스 디자인으로 그려본 미래의 레스토랑

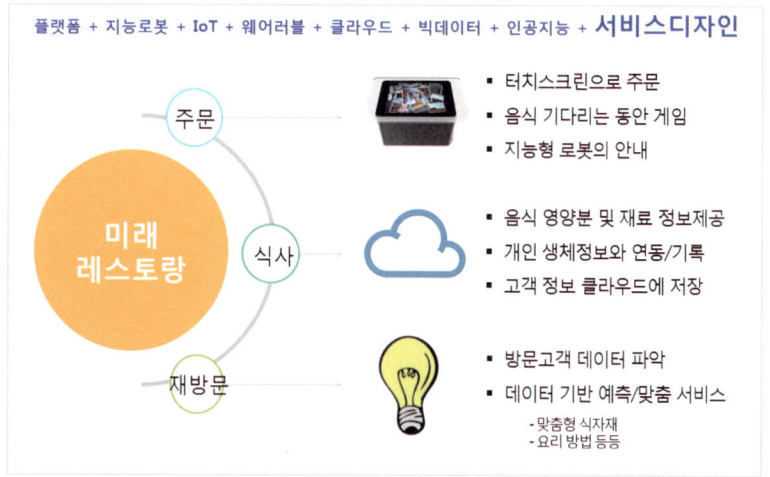

여러분이 레스토랑의 고객이라고 생각해 보자. 어떤가, 이 레스토랑의 단골이 될 것 같은가? 만약 그렇다면 이것은 성공한 서비스 디자인이다. 이런 식으로 서비스 디자인이 고객의 마음을 사로잡아야 사업이 성공할 수 있다는 것이다.

서비스디자인과 새로운 시장 개척

강조했듯이 이제는 기존의 서비스 디자인에서 온라인과 오프라인으로 확장한 O2O 서비스 디자인이라는 새로운 개념이 필요하다. 특히 새로운 시장을 개척하기 위해서는 O2O 서비스 디자인의 8단계가 필요하다.

그림 | O2O 서비스 디자인 로드맵

먼저 O2O 융합 영역에서 기회를 포착해야 한다. 이후 현실과 대응하는 데이터로 이뤄진 평행모델을 설계해야 하는데, 현실과 가상을 연결하는 데이터를 선별해서 디지털화, 아날로그화 과정을 설계한다. 세 번째 단계에서는 고객과의 접점을 가상과 현실에서 최적화하는 O2O 청사진의 단계를 거쳐야 한다. 서비스를 나열해 제품과 서비스를 결합하는 PSS(product service system)로 가치를 창출하되, 발굴 과정에서 유의할 점과 저해요인, 동기요인 등을 고려해야 한다. 네 번째 단계에서는 대응 요소를 구현하는 기술과 디바이스를 선정, 다섯 번째 단계에서는 클라우드 및 알고리즘을 선정, 최적화 알고리즘을 찾아 개발해야 한다. 여섯 번째 단계에서는 호환성을 위한 표준 생태계를 검토하고, 일곱 번째 단계는 특허기반의 차별화를 꾀해야 한다. 여기까지 완성된다면 MVP를 통한 베타테스트를 진행해 서비스의 상용화를 검증해야 한다.

경험도 DIY 되는 시대

서비스가 디자인됐다면, 다음은 가상의 데이터로부터 물질과 경험을 현실화하는 단계로 넘어간다. 이때 물질로 이뤄진 형상이라면 3D 프린터의 몫이고 시간으로 이뤄진 경험이라면 증강·가상현실의 몫이다. 3D 프린터가 가상의 데이터로부터 임의의 형상을 만들어 내는 건 이해가 쉬울 것이다. 그런데, 시간으로 이뤄진 경험을 어떻게 증강·가상현실로 현실화 하느냐고 묻는 사람이 있을지도 모른다. 예를 들면 여행 경험 같은 경우다.

수많은 사람들이 공유한 여행 경험을 한 개인에게 맞는 맞춤 여행으로 편집해서 가상현실로 제공할 수 있다. 복잡한 해부학 강의는 증강현실 기술을 이용해서 아주 쉽게 직관적으로 제공한다. 복잡한 기계의 분해와 조립 교육도 마찬가지다. 모든 삶의 영역에서 집단 지능과 경험이 융합하게 되는 것이다.

한마디로 4차 산업혁명 시대는 개인의 경험도 DIY 되는 시대다. 기술은 사용자의 필요에 따라 이용하는 개방 서비스로 진화하고 있다. 4차 산업혁명은 인간의 경험 가치를 극대화하는 경험경제로 가고 있다. 그러므로 지금껏 채우지 못한 인간의 욕구를 만족 시켜주는 O2O 서비스 디자인이야말로 하드웨어 스타트업 성공의 열쇠가 될 것이다.

에필로그

전 세계는 4차 산업혁명에서 주도권을 잡기 위해 국력을 기울이고 있다.

1차, 2차, 3차 산업혁명을 거칠 때마다 전 세계의 판도가 바뀌었고 4차 산업혁명은 지금까지 겪은 그 어떤 산업혁명보다 강력한 힘으로 전 세계 산업 지형을 바꾸어 놓을 것이다. 제조업을 기반으로 발전해온 대한민국은 2차, 3차 산업혁명에서 큰 수혜를 누렸다. 그러나 4차 산업혁명 시대에 대해서는 아직 준비가 부족한 현실이다. 2016년 〈스위스 다보스포럼〉에 따르면 국가별 경쟁력 순위는 1위 스위스, 3위 미국, 8위 일본 등과 달리 우리나라는 26위밖에 되지 않는다. 그런데 다행스러운 것은, 위기를 기회로 바꿀 기회가 아직 남아 있다는 것이다.

얼마 전 미국의 라스베이거스에서 있었던 CES 2017에서는 인공지능을 탑재한 자율주행차들이 큰 주목을 받았다. 메르세데스 벤츠 회장 디터 제체가 "자동차는 기름이 아니라 소프트웨어로 달린다"라고 이야기한 적이 있는데 그 말이 어떤 의미인지를 잘 보여주는 현장이었다. 4차 산업혁명에서는 사물인터넷, 인공지능, 로봇기술 등 개별적 기술 변화가 아닌 하드웨어와 소프트웨어의 융합이고 이러한 기술을 통해 사회 전체가 변화하는 것이다. 그리고 이런 빠른 변화의 속도를 따라가기 위해서는 혁신적인 스타트업들이 필요하다. "이제는 모든 기업이 스타트업 같이 생각해야 한다"는 시스코의 존 체임버스 회장의 말도 그런 관점에서 이해해야 할 것이다.

안타깝게도 4차 산업혁명 시대의 중심이 될 한국의 청년세대는 연애, 결혼, 출산, 인간관계, 집을 포기한다는 '5포 세대'라는 말이 공공연하게 쓰일 만큼 침체 상태에 빠져 있다. 그러나 이제 무엇을 더 포기해야 하나 고민하지 말았으면 한다. 시대의 변화를 꿰뚫는 좋은 아이디어가 있다면 혁신 창업 플랫폼과 혁신 생태계를 활용하여 적은 비용으로도 스타트업을 시작할 수 있다. 만약 우리가 가진 제조업의 경험과 강점을 바탕으로 뉴 하드 전략을 수립한다면 애플 샤오미 같은 유망한 하드웨어 스타트업도 가능하다. 4차 산업혁명 시대를 맞는 대 변혁의 시기에 한국에서도 애플, 우버와 같은 혁신적인 스타트업이 나오길 기대한다.

늦게나마 한국에서도 메이커 운동이 시작되었고 오픈소스 하드웨어, 크라우드펀딩 플랫폼도 하나 둘 등장하고 있으니 반가운 일이다. 젊은이들이 하드웨어 스타트업의 생태계를 이해하고 제 2의 벤처신화를 이루는 데 이 책이 조금이라도 도움이 되길 바란다. 더불어 청년들이 자유롭게 창의력을 펼칠 수 있는 스타트업 생태계 조성을 촉구하는 데 힘을 보탤 수 있다면 더 바랄 것이 없겠다.

이 책을 읽는 모든 독자에게 정답이 아닌, 답을 찾아 나설 용기를 주는 책이 되길 바란다.